獻給薩莎、索妮雅與保羅

"有必要嗎？地球上的每一個人都得把他們對每一件事的每一個意見，在同一個時間通通表達出來，真有這必要嗎？或者稍微換個方式問，有誰可以管好自己的嘴嗎？有哪一個誰可以對隨便一件事閉上嘴巴，安靜個……一小時嗎？那有可能嗎？"

——柏．本漢（Bo Burnham），
《我的隔離日記》（*Inside*）

目次

目次

目次

目次

佳評如潮

▲洪仲清，臨床心理師

通常一個進入關係或團體，就占據所有人的注意力，表達個人獨特觀點的人，需要的是自我價值感。如果一個人跟其他人相處，常常傾聽、提問，邀請人加入對話，積極跟人找到共通點，這樣的人會同時滿足自己與他人的親和需求。

在大部分的情境中，後者更受人歡迎，也能跟人有更深的連結。停止要別人覺得我們很棒，適時閉上嘴，說不定能收穫到更多美好的友誼與人情。有洞見的智慧，常在刻意沉默中產生，因為那讓思考更深沉。一張嘴就停不下來的人，很容易重複過往的言論，並且可能因為多言而付出代價。

《閉嘴的藝術》這本書，可以幫助我們看見，我們可以用什麼姿態來表現自己？又會收穫什麼樣的關係？

深深地祝福您，找到適合您的選擇！

▲莎拉・奈特（Sarah Knight），《紐約時報》暢銷作者

趣味橫生、讓人獲益良多，且充滿啟發性的一本書！甚至於它不只是一本書，它根本是一則公益廣告，讀到賺到——所以閉上嘴巴，好好閱讀吧！

▲金・史考特（Kim Scott），《紐約時報》暢銷書《徹底坦率》作者

讀這本書——你的老闆會感謝你，另一半、小孩會感謝你，你也會感謝你自己！溝通的好與不好不是講者說了算，而是聽者最大。那你怎麼知道話聽在別人的耳裡是怎麼一個情形？你可以從閉上嘴巴做起！對我們大部分人來說，這談何容易。但丹・萊昂斯會為你指點迷津，他會告訴你何以這能改

善你於公於私的人際關係。

▲**羅伯特・薩頓**（Robert I. Sutton），組織心理學家、史丹佛大學教授、《紐約時報》暢銷作者

這本書說服了我一點，那就是閉上我的大嘴巴，我就能更快樂、更有效率，並帶動我生活裡的每個人都既快樂又有效率。這本搞笑到不行的逸品讓我學會了如何閉嘴，如何狠狠地關注他人，如何壓抑好我的「男男自語」，如何面對那個話癆的自己拿出各種解毒劑。我在拜讀完本書後只有一個問題，我忍不住要到處說我有多愛這本書，閉不上嘴巴！

▲**大衛・利特**（David Litt），《紐約時報》暢銷書《謝謝，歐巴馬》作者

萊昂斯一邊批判雜音，也沒忘了一邊從雜音中切出一條明路。及時、絕妙且充滿意義的一本書。還要我繼續講嗎？（嗯，我看算了。）

▲亞倫・詹姆斯（Aaron James），《紐約時報》暢銷作者

那些吵死人的混蛋，那些最近還在污染我們媒體與心靈的傢伙，你想把他們拉正嗎？擔心自己也會變成這些混蛋中的一員嗎？這本書給我們上了一課所有人都該修的學分：先聽、再暫停、最後才說。如何帶著目的性——與力量——去進行溝通。這本書會閉上你的嘴，打開你的心。其實我還有很多話，但我就不說了。

· Preface ·

序言

我是把你當朋友才這麼說，所以請不要誤解。但我也是真的想要你閉上嘴巴。不是爲我，是爲了你自己。

學著不開口可以改變你的人生。這麼做，能讓你變得更聰明、更討人喜歡、更有創意、更有力量，甚至能讓你活得更久。話少的人，更有機會在工作上獲得晉升，也更有可能在談判中勝出。謀定後再開口——相對於不經大腦隨口胡謅——有助於增進我們的人際關係，讓我們蛻變爲更好的父母，況且科學家還發現，說話的方式與遣詞用字的選擇，會對我們的心理甚至是生理健康產生巨大的效應。幾年前，亞利桑那大學的研究人員有個非比尋常的發現，就是那些愈是避免花時間參與言不及義的閒聊、愈是多花時間在言之有物對話上的人，其快樂程度愈是相對出衆許多——以至於「找到辦法去進行有品質的對話」這件事情本身，就「可能成爲生活滿意度的一項要素」。

反過來說，閉不了你的鳥嘴，絕對會讓你的日子鳥到一個不行。

聽我的準沒錯。我可是個無可救藥的長舌公，而我也爲此付出了慘痛的代價——有一回，我還因此虧損了幾百萬美元。問題不僅出在我的話太多，還在於我總是一不小心就讓不得體的話語脫口而出，老是沒辦法把自己的想法留在心中。往往明知那些話一出口我肯定會後悔，而且還會因爲那些話付出代價，卻還是任由它們從嘴裡狂飆而出，我硬是踩不住煞車。

幸運的是，我這輩子大部分時間都在當記者，具體而言是《富比世》與《新聞週刊》的科技線記者，而新聞這行業是容得下長舌公的。事實上，你就是要夠嗆，夠不怕說話得罪人，你才當得了記者。在雜誌社任職期間，我斜槓起了喜劇創作，而這又是一個很適合管不住嘴巴的人的領域。一開始，我寫起了一個部落格，在裡頭，我假裝自己是蘋果的執行長賈伯斯，其中盡是一些有趣但偶爾有點大尺度的內容。部落格寫著寫著，帶來了一本書的出版約。出版約帶來了一紙電視節目的開發合約，接著就是我被聘用，成了ＨＢＯ一部喜劇影集《矽谷群瞎傳》的編劇。這一樣接一樣的際遇，讓我成爲炙手可熱的受邀演講者。這一切，連我自己都有點難以置信。剛開始寫《假伯斯》部落格的時候，我有點擔心那會扼殺我的職業生涯。然而事實上，我愈是沒完沒了地講，好事就益發發生在我身上。

當然啦，出來混總是要還的。就在我靠一張三寸不爛之舌進到一家以ＩＰＯ爲目標的新創公司擔任行銷，心中正暗喜可以大賺特賺時，業障的帳單來了。新創公司提供了我優渥的薪資、傲人的福利，還有大手筆的股票選擇權，不過有個但書，就是想拿到整包選擇權，我得在這家公司待滿四年。另外就是這個企業界可不會容忍我的口不擇言。

「你得把嘴巴的拉鍊拉上——絕大多數時候都是，」一位記者朋友如此警告我。

「我想我應該做得到。」

「眞的嗎？我倒認爲你連一年都撐不完。」

唉，這就是我交的朋友。但他的話也沒錯，記者要改行當上班族確實需要適應。

「你就像隻沒有受過大小便訓練的小狗。」某位獵人頭小姐曾經這麼跟我說過，她說，這就是爲什麼她不會把我推薦給任何工作的理由。

但話說回來，很多記者確實適應得很不錯，包括我的一些朋友或前同事。如果他們做得到，我爲什麼不行？我把自己想像成電視實境秀裡的參賽者，而我參加的節目是《我要活下去》之新創公司篇——在節目裡，我不需要吃蟲子，但我得把新創公司那些天馬行空宛如酷愛飲料[1]的創意喝下去，然後假裝自己很喜歡。

我以爲我只要一心想著彩虹另一端的那一大罈金子，就可以讓自己不要脫隊。結果，才過了二十個月，我就被其他參賽者投票逐出了無人島，原因是，我在臉書上的一則衝動貼文裡，對我們執行長大放厥詞。時隔六年，出於好奇，我去查了公司的股價，做了點加減乘除，才扼腕地發現，要是我能堅持坐完四年的選擇權監，我手上那些股票現在將價值八百萬美元。

那是我賠錢賠得最慘的一次災難，但完全不是我唯一一次讓自己惹上麻煩，甚至也不是我陷入過的最大麻煩。有一次，我因爲自己強迫性的大嘴巴和無法控制衝動，導致夫妻分居危及婚姻。就在那時候，我獨自住在租來的小屋裡，遠離妻子、孩子，對自己進行了匿名戒酒協會成員所稱的「徹底和無畏的自我品德檢討」，承認在大大小小的事情上，我讓多嘴妨礙到了我的生活。這些事件，讓我產生了動力去研究下列兩個問題的答案：爲什麼有些人會是衝動性的說話者？我們可以如何去化解這一點？

而這麼一研究，我發現了另外一件事，那就是我們所有的人，不光是愛講話的人，就連沒那麼多話的人，都能受益於少說多聽和有目的性的溝通。它是通往幸福的途徑。我們可以因此變得更快樂、更健康、較不易焦慮跟抑鬱，更受人歡迎，更大權在握，工作表現更顯眼。我們可以成爲更好的父母，更好的另一半。我著手研究時的出發點是學著避凶，沒料到，卻從中得出一個新觀念，找到了可以讓所有人趨吉的習慣。問題不在於我，也不只在於你，問題在於全世界都應該管好嘴巴。

我們全都太多話了

這個世界充斥著太多話太多的人。你隨處都可以遇見他們。在辦公室裡，他們就是那些會在每週一固定廣播他們週末都幹了哪些無關緊要的大小事，把不相干的人的心情從星期一一早就變憂鬱的討厭鬼。他們是晚宴派對上，那些高談闊論音量過人，讓眾人幻想著把毒芹摻進他們黑皮諾葡萄酒裡的混帳。他們是那些不請自來，花一整個小時，把你已經知道的事情從頭到尾再告訴你一遍的鄰居；是那些態度傲慢會在會議中打斷別人的萬事通；是那些脫口而出種族主義而使得職業生涯放水流的喜劇演員；是在推特上放肆亂留言導致被控證券詐欺的企業CEO。

老實說，我們幾乎沒有人能自外於這個標籤。

這並非完全是我們的錯。我們活在一個鼓勵多話，而且實際上要求我們多話的世界裡，在這個世界，成功的衡量標準取決於我們能吸引多少注意力：在推特上擁有一百萬個追隨者、在IG上具有影響力、拍出如病毒般傳播的影片、在TED上發表演說。我們被淹沒了，而podcast、YouTube、社交媒體與聊天軟體、有線電視等，都是洪水的源頭。你可知道當今世上有超過兩百萬個podcast頻道，產出的節目集數高達四千八百萬集，這其中，有半數的節目下載人次連二十六次都不到？你可知道每年有超過三千場TED×活動，有六萬人去演講（由TED授權給各城市舉辦的類

TED演講，類似加盟的概念，演講形式與TED相似但與TED組織並無直接關

係）？你可知道美國人每年要坐在那兒開超過十億場會議，而其中具有實質效益的只有一一％，完全是在浪費時間的有五〇％？我們爲了發推特而推特，為了講話而講話。

然而，大部分權傾一時的成功人士，做的恰好是相反的事。相對於去大眾面前招搖過市，這些人選擇韜光養晦。一旦開口，他們不會信口開河，而是字字珠璣。蘋果執行長提姆．庫克（Tim Cook）寧可在談話中出現尷尬的冷場。傑克．多西（Jack Dorsey）不僅是推特的共同創辦人並擔任推特的執行長——但他自己卻鮮少掛在推特上。就連維珍集團董事長李察．布蘭森（Richard Branson）這個超級愛現又喜歡凸顯自我的傢伙，都極力推崇在會議上惜字如金是一種美德。

愛因斯坦討厭講電話，能不講就不講。[2]已故最高法院大法官露絲．貝德．金斯伯格（Ruth Bader Ginsburg）在遣詞用字上極其謹小慎微，話與話間的間隔之久，總讓聽者煎熬不已，以至於她的幕僚都養成了一種習慣，稱作「兩個密西西比法則」：把要說的話說完後，默數「一個密西西比……兩個密西西比」，然後再重新開口。大法官回話這麼慢並非無視於你，她是在思考……非常……深刻地……思考著該怎麼回覆。暱稱是RBG的她，有句很有名的人生金句：不論在婚姻中還是在職場上，「偶爾當個聾子有它的好處。」

少說，多得：這本書要談的，是關於如何學著以一種能帶給我們優勢的方式與世界互動。我們或許不會被任命爲最高法院大法官，也不會成爲科技巨擘中的億萬富豪，但我們可以在日常生活的戰鬥中勝出。想買新車或新房？希望在公司裡更上一層樓？想要廣結善緣並對他人產生影響力？那你就要學會如何閉嘴。

在歷史長河中，現階段是人類廢話最多的時代，而且吵鬧聲一天大過一天。我們並不適合身處這種持續性的過度刺激中，那會傷害我們的大腦，讓我們的心血管系統緊繃。我們的神經會如箭在弦，會怒火中燒，會有如泡在可體松（壓力賀爾蒙）溫泉中，並會有一點神經兮兮。學著閉嘴，我們不僅可以改善我們的生活，還可以藉此改善我們身邊其他人的生活——我們的孩子、配偶、朋友與同事。說得再誇張一點，只要我們稍微調降自己的音量，就可以讓整個世界變成一個更美好的地方。

很奇怪的是，這竟不是一件容易做到的事。

閉上鳥嘴五法——

「閉嘴」應該是世界上最容易的事了。你只需要當自己是啞巴就行了，不是嗎？但事實上，不說話需要耗費大量的專注力。不說話可能比說話還費勁。你有沒有過一種經驗是人在外國，而你的外語程度是：不是完全不會但也不是很會。因爲沒有會到可以脫口而出，所以每一段再簡單不過的對話，你都得在腦中不斷超頻翻譯來、翻譯去。如此一整天下來，你早已精疲力盡，是吧？你剛開始練習專心不說話的時候，大抵也會有類似的體驗。那個過程相當耗體力。對於像我這樣愛說話的人而言，簡直就是一場酷刑。

這當中的祕訣就在於不要妄想一蹴可幾，而要試著一步一腳印，從一個個小地方改起。剛開始接觸「閉上鳥嘴」時，我將之視爲一種冥想、一種瑜伽。當我們在進行冥想時，我們會強迫自己去意識到自己的呼吸，我也會在練習管住自己的嘴時，強迫自己意識到自己在說話。我會降低音量，放緩節奏，會慢條……斯理……地在話中暫停。

我對於閉上鳥嘴解決之道的追尋，是一個嘗試錯誤的過程。我以自己作爲測試標的。根據我做的功課，也根據與專家的訪談結果，我開發出五種對我來說有效的練習。我把這五種練習當成是五種「運動」；重點不在於一口氣完成所有五種，甚至不在於一整天只做其中一種。沒有人會每天花十六個小時待在健身房，對吧？這些是練習是需持之以恆的運動。從五種練習中選擇一種，然後在三十分鐘的Zoom視訊會議中使用它；或者當你和另一半坐在車裡頭時使用它；抑或在早餐餐桌前，跟你家的青少年孩子使用它。

這當中，有些練習會比較討你歡心，有些則不那麼合你的意。有些會讓你覺得很受用，有些則普通；這些都沒有關係。你覺得哪種好用，就用哪種。

說了這麼多，我用來讓自己閉嘴的五招是：

- **可以不說話就不說話**。威爾・羅傑斯（Will Rogers；一八七九——一九三五，美國電影演員兼幽默作家）說過，你永遠不該錯過可以閉嘴的機會。懷著這種想法，你會驚訝地發現這樣的好機會之多。正所謂惜字如金，你要把字當成錢來花——錢要花在刀口上，字也一樣。寧為骯髒哈利（由克林伊斯威特飾演，警探系列電影中的沉默硬漢角色），也不做金凱瑞。

- **掌握暫停的力量。**學習RBG大法官的幕僚，訓練自己多數兩秒再開口。深呼吸。暫停。讓對方有時間消化你剛剛說的話。學著去揮動「暫停」這把利器。
- **戒除社交媒體。**話太多有個近親，叫作推不停——推特就是這麼個幾乎沒有人逃得掉的陷阱。諸如臉書、推特之類的app，其設計宗旨就是要讓你上癮。就算你沒辦法百分百戒除，也起碼要有所節制。
- **尋求靜謐。**吵雜會讓我們生病。這不是比喻。資訊過載會讓我們時時刻刻處在焦慮與過度刺激的狀態裡，而這兩點都會導致健康問題，甚至會讓我們短命。抽離、拔下插頭、不依賴手機而活。別開口，別閱讀，別看，別聽，讓大腦休息可以激發創意，可以讓你的身體更健康，工作更有效率。研究顯示，靜謐似乎有助於腦細胞的生長。[3]
- **學習主動聆聽。**善於聆聽是執行長們會特意去營隊接受特訓、學習的一項重要商業技能，而聆聽學起來並不輕鬆，因爲所謂的「聽」，是一種主動的理解而不是被動的接受。聽，不是耳朵有打開就算，而是要阻絕包含自身想法在內的各種雜音，專心一意地去聽懂對方想傳達的意思。若說這世上有什麼事能讓人發自內心地開心，能被眞眞切切地聽到跟看到，想必妥妥居第一。

接下來發生的事，會讓你難以置信——

我沒辦法時時刻刻保持這種自律，然而，但凡我把持得住的時候，結果都非常神奇。我感覺多了平靜、少了焦慮、也多了幾分自制力，因此，我變得比較管得住嘴巴。這是一個正向的循環。我愈少講話，就愈不想講話。

更棒的是，我在周圍的人身上，看到了我少講話帶來的影響。晚上，我正値青少年的女兒跟我一同坐在門廊上，我們笑語不斷地促膝長談。要是你也身爲一名高中階段孩子的爸媽，你就知道跟他們有得聊，是何等神奇的事。女兒跟我分享了她的夢想，以及她對自己的人生有哪些可能的規劃。她告訴了我她心中的恐懼與疑惑。我沒有急著想替她解決問題，我只是靜靜地聆聽。果不其然，她講著講著便自己走出了迷宮，解決了自身的迷惑，並下了一個結論，就是她會好好的。因爲她對於自己該怎麼做已經胸有成竹。

我發現她從來沒能帶著自信在鋼琴前彈奏莫札特與海頓，眼前，她卻得前往夏令營演奏海頓的鋼琴三重奏，爲此她嚇壞了。她擔心自己沒有這樣的本事，與此同時，她又寧可去試了失敗也不想臨陣脫逃。我還發現她偶爾會爲了要上法文課嚇得皮皮剉，因爲她報的課程難度有點太高，她覺得自己的程度恐怕拿不到A，但另一方面，她又多半能在與艱深教材搏鬥的過程中學到更多。我最終發現我不僅欽佩自己的女兒，而且根本就深受她的啟發。

學著不開口，意味著去衝撞一個鼓勵我們多說而不是少說的世界。我會在這本書裡描述如何做到這一點。我會解釋閉嘴的哲學可以如何應用在家中、職場和與心有關的問題上——包括約會與關係的經營。你會學習到如何透過少說兩句來獲得更大的力量，也會知道出色的聆聽技巧可以如何改變你的人生。

我這沒有專利的閉上鳥嘴之道是一款修行，而不是一帖仙丹。它沒辦法讓你輕鬆減掉二十磅肥肉，沒辦法讓你看起來年輕十歲，也沒辦法讓你躺平卻照樣致富。但它可以爲你帶來多一點點快樂、多一點點健康、多一點點成功。你還是會偶爾興奮過度而話匣子大開。我一天到晚都有這狀況。這也沒關係，我們都是肉骨凡胎。我們會軟弱，但這都不影響明天的我們出落成比今天更好的人。

我希望你能因爲看了這本書而受到啓發，進而透過行動去改變自己的人生——而這本書將會是你目標之路上的導覽地圖。

---

1 美國一種廉價的粉泡飲料，比喻無聊當有趣的創意。

2 **avoided it as much as possible**: Halpern, Paul. "Einstein Shunned Phones in Favor of Solitude and Quiet Reflection." Medium, August 29, 2016. https://phalpern.medium.com/einstein-shunned-phones-in-favor-of-solitude-and-quiet-reflection-d708deaa216b.

3 **help us grow brain cells**: Kirste, Imke, Zeina Nicola, Golo Kronenberg, Tara L. Walker, Robert C. Liu, and Gerd Kempermann. "Is Silence Golden? Effects of Auditory Stimuli and Their Absence on Adult Hippocampal Neurogenesis." Brain Structure and Function 220, no. 2 (2013): 1221–28. https://doi.org/10.1007/s00429-013-0679-3.

· TEST ·

話癆量表

你有多愛講話？下面的問卷——話癆量表[1]——可以幫助你釐清這一點。這份量表製作於一九九〇年代，當時設計量表的傳播學專家認爲，極度且不受控的多話是一種成癮症狀，所以，研發此量表來評估辨識有多話現象的人是不是「說話成癮者」，即俗稱的話癆。問卷中，包含十六個問題，最後會有計分說明。

爲詳加確認你的評量結果，可以請一位你認識的人以你爲問題標的，回答同樣的問題，計算得出的分數後，再與你自身評量的分數相比對。請留意：結果或許會讓人有些尷尬喔。

話癆測驗——

說明：下方的問卷包含十六則與說話行爲有關的陳述。請根據你認爲陳述符合自身狀況的程度，在陳述前的空格處作標注：⑸極度吻合；⑷大致吻合；⑶無法確定；⑵不太吻合；⑴極不吻合。這不是考試，也沒有標準答案。不需要深思熟慮，僅憑第一印象作答即可。

＿＿ 1. 我常在知道自己該說話時，仍保持沉默。

＿＿ 2. 我偶爾會多說不該說的話。

＿＿ 3. 我經常在應該保持沉默的時候開口。

＿＿ 4. 有時候，我會在明知開口對自己有利時，保持沉默。

＿＿ 5. 我是個「話癆」。

＿＿ 6. 有時候，我會有種就是不想開口說話的感覺。

7. 整體而言，我話說得有點過多。 ＿＿
8. 我一開口就不受控。 ＿＿
9. 我不是個愛講話的人；在交流場合我很少開口。 ＿＿
10. 不少人都說過我話太多了。 ＿＿
11. 我就是沒辦法少說點。 ＿＿
12. 整體而言，我說的話比我該說的話少。 ＿＿
13. 我不是個「話癆」。 ＿＿
14. 有時候，我會在閉嘴對自己較有利的情況下開口。 ＿＿
15. 偶爾我說的話會比我該說的話少。 ＿＿
16. 我不是一個一開口就閉不了的人。 ＿＿

計分方式：欲算出量表的總得分，請完成下列步驟：

步驟一：把第2、3、5、7、8、10、11與14題的分數加起來。

步驟二：把第13與16題的分數加起來。

步驟三：完成下列公式的計算：

話癆分數＝12分＋（步驟一的總分）－（步驟二的總分）

第1、4、6、9、12、15題是充數的題目，不予計分。

你的分數應該要落在10到50分之間。

大部分人的分數在30以下。

分數落在30到39之間的你，是準話癆，大部分時候都控制得住，但偶爾在特定場合中，你會靜不下來，即便你知道不說話才最符合自身的利益。

40分以上的你，就是話癆。

＊話癆測驗授權自維吉尼亞·里奇蒙（Virginia Richmond）。

1 **The following quiz, the Talkaholic Scale**: McCroskey, James C., and Virginia Richmond. "Identifying Compulsive Communicators: The Talkaholic Scale." Communication Research Reports 10, no. 2 (1993): 107–14.

·Report·

話癆量表觀察者報告

在話癆量表問世幾年後，另一支學者團隊創製了一份與之互補的評估資料，名為《話癆量表觀察者報告》，當中的問題是由第三方替你回答。1 觀察者報告裡有十四則問題，不是十六則，但最高分一樣是五十。

觀察者報告的使用方法是由你去邀請你的熟人回答問題，然後看看結果跟你自行做出來的分數對不對得上。

話癆量表觀察者測驗

說明：下方的問卷包含十四則與說話行爲有關的問題。請根據你認爲陳述符合「受觀察者」狀況的程度，在陳述前的空格處標注：(5)極度吻合；(4)大致吻合；(3)無法確定；(2)不太吻合；(1)極不吻合。這不是考試，也沒有標準答案。不需要深思熟慮，僅憑第一印象作答卽可。

＿＿1. 這個人往往會在有必要說話的時候保持沉默。
＿＿2. 這個人有時候會多說他不該說的話。
＿＿3. 這個人往往會在他應該保持沉默的時候開口。
＿＿4. 偶爾這個人會在說話對他有利的時候保持靜默。
＿＿5. 這個人是個「話癆」。
＿＿6. 整體而言，這個人話說得有點過多。

____ 7. 這個人一開口就控制不住、閉不了嘴。

____ 8. 這個人鮮少在交流場合中開口。

____ 9. 其他人也都說這個人話太多了。

____ 10. 這個人好像話匣子一開就停不下來。

____ 11. 整體而言，這個人說的話比他該說的話少。

____ 12. 這個人不是個「話癆」。

____ 13. 有時候，這個人會在閉嘴對他較有利的時候開口。

____ 14. 這個人不是開了口就閉不了的人。

計分方式：第1、4、8、11題是充數的題目，不予計分。欲算出總分，用12分去加上第2、3、5、6、7、9、10與13題的總分，減去第12與14題的總分。

＊獲凱瑟琳・M・隆恩（Kathleen M. Long）、雪麗・D・佛特尼（Shirley D. Fortney）與丹妮特・埃佛特・強森（Danette Ifert Johnson）[2]授權翻印。

1 **someone else answers questions about you**: Long, K. M., Fortney, S. D., & Johnson, D. I. (2000). An observer measure of compulsive communication. Communication Research Reports, 17(4), 349–356. https://doi.org/10.1080/08824090009388783

2 **Danette Ifert Johnson**: Long, K. M., Fortney, S. D., & Johnson, D. I. (2000). An observer measure of compulsive communication. Communication Research Reports, 17(4), 349–356. https://doi.org/10.1080/08824090009388783

第一章

STFU:

The Power of Keeping Your Mouth Shut in an Endlessly Noisy World

我們說「話太多」，講的到底是什麼

我在話癆量表上得到了五十分，也就是不能再高了。我太太薩莎也在觀察者報告中給了我五十分的「滿分」。這個結果並不令人意外，卻不表示我就不緊張。依據這項測試的成績，我就是個話癆。而根據開發出話癆量表的學者的說法，這並不是件好事。學者們定義話癆是一種說話成癮的症狀，跟酒癮是親戚，並爲有這個問題的人描繪了一個黯淡的前景。如同酒鬼，話癆也會呈現出一種自我毀滅的傾向，而他們在管不住自己嘴巴上所表現出的無能，也往往會導致自身在私生活與專業發展上的挫敗。我兩樣都有——打勾，再打勾。

話癆無法在某天醒來就福至心靈地選擇少說點。他們想說話的衝動是不受控的。他們的話量比起其他人不是多一點點，而是多出很多，而且他們話多是一天到晚如此，不分場合不論情境。卽使他們清楚知道其他人認爲他們話太多，他們也控制不住自己。然而，眞正的致命打擊是：話癆卽使知道自己卽將出口的話會傷害到自己，也不會就此停下。他們就是煞不住車。

「我就是這樣。」我對薩莎說，「是不是？那完全就是我的寫照。」

「我不是這樣跟你說過好多年。」她說。

我們坐在廚房裡。孩子們——雙胞胎，而且是十五歲的龍鳳胎——不在家。回憶在我腦袋裡翻飛，曾經在派對上，我脫口而出一些不得體的發言，或是對著某人喋喋不休，搞得孩子們尷尬不已；曾經，我對著他們說教，又或是興高采烈地向他們重複已說過上千遍的冗長故事。我們稱那些發言叫作「丹丹體」，然後一起笑著假裝我的那些丹丹體很有趣——「你們都知道你們老爸有多愛說話！」——但如今坐在這裡，面對著白紙黑字的量表分數，我一點也笑不出來。我只覺得無地自容，而且很擔心。

薩莎等待我有這樣的參悟多半等了好些年。「去尋求協助吧。」薩莎說，「你可以設法改善。」

但要去哪裡求助？外頭可沒有「說話成癮」的戒話匿名協會。幾經思索，我決定鎖定定義說話成癮並創造出話癆量表的那兩位大眾傳播專家。他們是一對夫妻檔研究團隊——在西維吉尼亞大學任教的維吉妮亞．里奇蒙（Virginia Richmond）與詹姆斯．麥克洛斯基（James C. McCroskey）。麥克洛斯基在大眾傳播研究領域裡是個傳奇般的存在，但他已於二〇一二年辭世。里奇蒙教授則已經退休，住在西維吉尼亞州查爾斯頓郊外的一座小鎮。

他們會對說話成癮產生興趣進而去研究，完全出於一個很單純的理由：「我先生就是個話癆。」里奇蒙教授告訴我。他們是一對奇怪的組合。麥克洛斯基是派對上的靈魂人物，而里奇蒙從過去到現在則是一貫害羞到不行；按照學者的講法就是有「溝通恐懼」。「我們想要弄清楚爲什麼有些人話這麼多，有些人又擠不出半個字。其中關於話少者的學術文獻已經很多，但位處另一極端的多話者則沒什麼人在研究。有些學者認爲世界上根本沒有所謂話太多的人；當人們說某人話太多，他們的意思也許只是在說某人的話不中聽。而我們的假設是世界上確實有一種在絕對意義上話太多的人，剛好，我們有認識這樣的人，我先生就是其中之一。但我們也同時假設世界上有一種人不光是話多，而且是有說話強迫症，那就像是一種癮頭，他們怎樣都控制不住自己的嘴巴。這就是我們何以會想出『說話成癮／話癆』這個說法。」里奇蒙告訴我。

他們創造出話癆量表，爲的是想知道說話成癮能不能被確認出來。如果可以，學者或許就能發展出辦法來幫助他們。「我們原本不覺得這種人會很多，」里奇蒙說，但當他們把話癆量表拿給西維吉尼亞大學的八百名學生做過後，他們發現，有百分之五的人稱得上是話癆／說話成癮者，這比例說巧不巧，竟跟酗酒者在整體人口中的比例大致相同。

我向她解釋之所以冒昧與她聯繫，是因爲我在話癆量表上拿了滿分五十分，我需要幫助。里奇蒙聽到後說，她有一個壞消息跟一個更壞的消息要告訴我。第一個壞消息是，她跟她先生從來沒有弄清楚說話成癮的成因。第二個更大的壞消息是，雖說他們找到了辦法去幫助有溝通恐懼的人走出自己的外殼，卻也慢慢開始相信話癆無可救藥。「我們曾經開玩笑說，天要下雨，人要說話，都是攔不住的。」她笑著說，「話多是沒得治的，話癆是一種絕症。」

另一方面她說，她跟丈夫是在三十年前所做的研究。那之後也有其他人研究這個主題，其中的佼佼者是麥可．畢提（Michael Beatty）教授，他曾經與里奇蒙與麥克洛斯基教授合作過，如今在邁阿密大學高就。顯然，畢提對話癆產生興趣的理由跟麥克洛斯基一樣。「他是我見過最誇張的話癆，」她告訴我，「你可以跟他說這話是我說的。他絕不會認爲這是在羞辱他。」

畢提也有點異於常人。他沒有手機，家裡也沒有個人電腦。要聯絡上他，你必須發電子郵件到他的大學信箱，然後等他進辦公室查收郵件，這需要多久時間，得視他而定，你只能等。跟里奇蒙教授的談話讓我有一點氣餒，但我還是懷抱著一絲希望，仍想著說不定有人能給我一點幫助或建議。所以有一天，我寫了封電子郵件給畢提教授，按下發送，開始了等待的過程。

話癆的瘋狂人生——

很久很久以前，我自欺欺人地說服了自己，我只是個喜歡跟人互動的外向傢伙。我只是喜歡與人大聊特聊。我希望跟任何人、每個人，都可以聊得來。Uber司機、滑雪纜車上的陌生人，以此類推。「還有每個幫你點菜的帥哥或正妹服務生。」薩莎提醒了我。

然而過去這幾年，我益發意識到自己因爲話多而惹上了太多麻煩。我發現，有時候我確實因爲有正事要辦，試圖管住自己的嘴巴，但總是控制不住地又開始巴啦巴啦說個不停。慢慢地，我開始害怕起社交場合。鄰居的烤肉聚會與小朋友的生日派對，於我都成了一種酷刑；那感覺就像是騎著彈簧高蹺跳進地雷區。我會試著與人打成一片，但又時時刻刻想著不要多話、不要多話、不要多話。即便是事前備稿的場合，我也偶爾會脫稿演出，像吸了安非他命的哈姆雷特一樣，自顧自地獨白起來。

最終，在走投無路之下，我開始用簡單粗暴的方式進行「賽前防守」，也就是在事前服用安定文（Ativan）這種焦慮症用藥。這麼一來，身處派對上的我便會處於一種由苯二氮平（benzodiazepine；安定文中的鎮靜劑成分）所帶來的輕飄飄的幸福迷霧中。然後，我會悄悄退到一角，開始恍恍惚惚地一個人看著電視或讀我的推特訊息，直到時間差不多該回家了。鄰居們覺得我這樣很沒禮貌，或至少很奇怪，再不然就是會有鄰居跑來對我太太說，「丹……有一點……秀斗，妳知道吧？」從我的角度來看，我以爲事先吃藥，把自己搞得昏昏沉沉是在幫鄰居一個忙，免得他們被我的三寸不爛之舌給煩死。

神奇的是，即便在苯二氮平的壓制下，我偶爾還是會太多話，或說出某些尷尬犯蠢的話。每次只要一離開派對，我對薩沙說的第一句話一定是，「我話太多了嗎？」她的答案動輒都是，「是的」。

隨著對自己的問題愈來愈有病識感，我開始在周遭的人身上看到同樣的狀況。我們有個隔壁鄰居是教育顧問，她個性很活潑，嗓門也很大。她帶動一屋子人的能力曾讓我眼界大開（我很崇拜她，其他鄰居就不好說了）。此外，還有一名迷戀自己的宏亮嗓音、聰明的企管顧問；另一位是忍受不了笨蛋的科學家，因爲沒辦法對傻瓜好聲好氣而付出了代價；還有位孤獨的退休財務顧問，他會在晚餐時分自動出現，像在自己家一樣，逕自走向我家的廚房中島坐定，然後自顧自地分析起標普五〇〇指數的最新局勢；有個藝術家則是會打時長一小時以上的電話給我，一遍遍對我重複相同的故事（正如一位共同的友人所言：「你沒辦法跟他聊天，你只能聽。」）；還有我的岳母，一名英語非母語人士，她會用她的爛文法、破句子、不知道在指涉什麼的他她它這些菜英文對我們掃射，而且只要一扣下板機，手指就絕不鬆開——一點都不誇張，你只有用吼的才能讓她停下。

我們這類多話者似乎會彼此相吸、物以類聚，這一點在某個層面上，其實不太合邏輯。因爲我們終究免不了會想一決雌雄，看看誰的話更多，而輸的人都不太能接受；但在另一個層面上，或許只有我們同道中人才能受得了我們自己。不論在任何場合，我們都能三兩下就認出彼此，宛如吸血鬼跟連環殺人犯那樣。有時候，我們會兩兩帶開，找個安靜的地方來場長舌PK，時間都是幾小時起跳，絕對不會講到沒話講——我們會沉浸在自身的話癮中，在惺惺相惜的氣氛裡享受口若懸河的快樂，完全不用擔心遭到世人的指摘或懲罰。那兒會是我們安全的小天地。簡直再幸福不過了。

反過來說，若遇到省話一哥／一姊則會讓我們發瘋。我們也受不了他們，就像他們受不了我們一樣。面對省話的人，對我們來說，就像你不陪你的狗玩丟網球時，牠對你的感覺一樣；我們完全沒有回話、接話、說話的機會。**你嘛幫幫忙，老兄！快點開口！**但他們只是不動如山地端坐在那兒，一言不發。

不受控的大嘴巴有一個共通點，就是或遲或早我們都會被人一槍打在膝蓋上。這是免不了的。東尼．索普拉諾（Tony Soprano；HBO影集《黑道家族》中的黑手黨老大）說過，幹他這一行的人，通常只有兩種下場：一命嗚呼或是鋃鐺入獄。多話的人也同樣知道，終有一天，我們會爲自己的多話付出代價。我們會變成連環砸鍋者，生活會變成一連串的亂象、災難與毀滅。

我的老朋友艾倫是個高智商的傢伙，頂著長春藤名校的光環，卻因爲管不住嘴巴讓他連連丟失許多工作機會，原因是：（a）他總忍不住想讓同事們知道他們都是弱智；還有（b）對於他有話直說的作風同事們通常都不買單。「我會突然理智斷線。」他說，「我會在參加某場白癡會議時心中暗想，我在這場蠢會議裡幹嘛？然後氣血攻心、瞬間發飆，開始跟所有人解釋爲什麼他們全都是智障，儘管我明知夠聰明的話我就應該要閉嘴。我這個人別的沒有，狗嘴裡吐不出象牙倒是很會，最慘的是，我明明意識到了卻還是一吐再吐，吐完又馬上後悔。只不過說出去的話就像潑出去的水，再也收不回來了。」

慢性多話者都有一個共通點：我們被人討厭。不信你看看我們都被取過哪些外號：氣囊、風袋、馬達嘴、彈簧舌、廢話機器。我們會說某人「用嘴在瀉肚子」或「拉了一堆屎一樣的廢話」。在英國和愛爾蘭，他們會說你是「gobshite」，這是個複合字，前面的gob代表「嘴巴」，後面的shite是shit的異體字，也就是「屎」；另外一個說法則是「shitehawk」（屎鷹），意思是從上而下撒落「屎」的人。在義大利，有句話是*ti attacca un bottone*——意思是某人嘴上沒個把門的，話多到連縫顆鈕子的時間都夠了。另一個版本是*mi ha attaccato un pippone*——大致可以譯爲：他朝我耳朶做了下三濫的事。義大利人還可能會管你叫*trombone*，也就是伸縮喇叭——這個字搭配上義式英文的口音，聽起來非常酷——或*quaquaraquà*，這是一個狀聲詞，也是西西里島的俚語，指的是話很多的白癡。在巴西，他們說*fala mais que o homem do rádio*——他的話比廣播電台上的人還多。在西班牙，會說你是*bocachancia*——有張劈哩啪啦的嘴巴。在加泰隆尼亞，他們說*bocamoll*，一張閉不緊的嘴。在德國，多話之人叫作*plappermäuler*，這又是一個複合字，當中結合了*plapper*，也就是「嘰哩呱啦」，跟*maul*，即造成傷害的意思，它其實是用來形容動物嘴巴的粗話。俄羅斯人無論跟誰比說話難聽，都絕不會輸，而這樣的他們管多話者叫*pizdaboly*。這個字很嗆，因爲它一半的組成是*pizda*，指的是女性的私處，另一半*bol*則是動詞「拍動」的字根。呃！

日本人作爲一個重視安靜且無法忍受吵雜的民族，傳頌著一句諺語：「鳥要是閉嘴，就不會被槍打下來了。」在印度，大人會告訴小孩一個關於巴圖尼（batuni；多話）烏龜的故事，故事裡的烏龜因爲多話而走上了絕路。這故事是這樣的：有回旱災降臨，池塘乾涸，兩隻好心的雁鳥要幫助多話的烏龜遷到他處的池塘。雙雁分別銜住一根木棍的左右兩端，讓烏龜用嘴巴緊咬木棍中間後，展翅起飛。想當然耳，多話的烏龜克制不住想說話的衝動，張開了嘴，從高空墜下摔死在石頭上，淪爲了村民的盤中飧。

這就是旁人眼中的多話之人：他們一心求死還樂在其中。

話多者分六種——

同樣是話多，種類卻不盡相同。[1]有些人話多是單純的囉嗦，這代表你會忍不住想打斷別人；你的大腦轉速超高，短短一分鐘內，你會在腦袋裡擠進一大堆字。有人話多是沒有條理，這表示你會從一個話題跳到另一個無關的話題上。還有一種是情境式多話，在很大程度上，每個人多多少少都應該有過這體驗；我確信你只要在記憶裡翻找一下，肯定可以（八成瑟縮著）想起那些你早知道就少說兩句的難堪場面。你是否會因一句話脫口而出，傷害了別人的感情？你是否說過冒犯到別人的笑話？你是否曾在上一回買車時，當業務員突然停嘴，空氣中瀰漫著尷尬的沉默時，忙不迭地開口企圖塡補空白？我敢打賭你就是那樣——而且還因此讓荷包多瘦了不少。也許你曾在生意電話上口無遮攔，結果不但丟了合約，佣金也一併放水流。又或許你曾在會議上打斷人，而你坐在桌子另一頭的老闆正好注意到這一點，開始對你產生不好的印象。你的老闆可能自己都沒意識到他對你的印象變了，但八個月後，你期待的升遷跳過了你，讓別人撿了去。

然而，**長期性**多話者是完全另外一回事，如同話多不是只有一種樣態，長期性多話者也有形形色色。我個人將之區分爲六種：

- **自大型多話者**：是那種聲音很大、自認什麼都懂的傢伙（大多數是男性），他們會打斷人，會主導對話，只因爲他們發自內心地認爲他們的想法比所有人的都好，即便他們可能連自己在說些什麼都不知道。我在矽谷工作過很久，那裡有一大票這種人。

- **緊張型多話者**：有社交焦慮的問題，喋喋不休是他們用來自我撫慰的手段。
- **反芻型多話者**：會大聲把思考過程念誦出來——基本上是在自言自語——順便把身邊的人逼瘋。
- **脫韁野馬型多話者**：嘴巴跟大腦都轉得飛快，就是兩邊都少了張濾網。
- **欲罷不能型多話者**：一座長了腳的廢話噴泉。他們會反覆、來回地說著同一批故事，即使你嘗試打斷他們，他們還是會不懈地繼續往下講，就像一部在下坡路上煞車失靈疾馳而下的車。
- **話癆型（說話成癮型）多話者**：最惹人厭的類型，有強迫性跟自我毀滅的傾向。

與里奇蒙談過之後，我開始鑽研起以多話爲題的研究文獻，結果我發現，在過去大概十年中，學者開始對多話的各種成因有所掌握——那當中，有些是心理性的，有些則是生理性的成因。一些多話者只是比較外向，多話是他們的個性使然。有時候，多話是因社交焦慮而起（脫韁野馬型、欲罷不能型與緊張型通常都屬於這種）。但極端、強迫性的多話——那種讓你對說話成癮的多話——可能代表著你有更深層的心理問題，比如自戀型人格障礙。所謂的壓力性多話——大聲、急速、無法停下——可能源自「輕度狂躁症」（hypomania），而輕度狂躁又可能是當事人患有第二型躁鬱症的表現，即躁鬱症中比較和緩的亞型。[2]多話也可能代表此人患有注意力不足過動症（ADHD）。

要是你在話癆量表上分數很高，比較理想的做法是去請教專家，由專家進行評估。好消息是近年來，過動症與第二型躁鬱症這類疾病，都已經可以藉由藥物跟心理治療進行處理。藥物不能治癒你，但它可以抑制你腦中的噪音，讓你可以在心理治療中面對、解決你的問題。值得一提的是，多話者通常喜歡心理治療。

就在我費力地翻閱成堆的研究論文卻仍沒找到任何好的解答、且進度緩慢之際，好運突然降臨：邁阿密大學的麥可．畢提回覆了我的電子郵件，告知我，經過多年無數次的實驗後，他已經搞清楚是什麼因素導致話癆／說話成癮，且他很樂意和我談談。

多話的祕密，藏在大腦深處——♥

「那是一種生物學。」畢提在我們通上電話後告訴我，「那完全是先天的自然現象，不是後天形成。早在產前懷孕期，它就已經開始發展了。」

二十年前，畢提以先驅的姿態活躍於一個稱為傳播生物學（communibiology）的領域，這是一門將大眾傳播當成生物學現象來研究的學問。相對於教授新聞學與公眾演說——大學傳播學系的傳統課程——畢提選擇與神經科學家合作，為研究對象做腦電圖（EEG）檢查，測量他們的腦波，並將他們送進功能性磁振造影（fMRI）機器，觀察他們在觀看圖片或聽取錄音時，腦部功能區亮起來的狀況。

許多傳播學學者認為他這是在鑽死胡同，但畢提確信自己是對的。「要是我們的溝通方式與大腦無關，對我來說，反而會是一件很奇怪的事。」他說，「我們只是還不知道它們之間是怎麼個溝通法。」二〇一一年，畢提與他在邁阿密大學的同事找到了答案。他們發現，多話是出於腦波失衡。具體而言，它涉及在前額葉皮層的前區中，[3]左右腦葉神經元活動之間的平衡。

在理想的狀態下，當一個人在休息時，左右腦葉的神經元活動應該大致相同。如果這當中出現不對稱的狀況——其中一側的腦葉比另一側更亮——你就會變成一個高於平均值或低於平均值的說話者。如果你左邊的腦葉比右邊的活躍，你就會害羞；反之，如果你右邊的腦葉比較活躍，你就會愛說話。左右腦葉失衡愈嚴重，你在愛說話光譜上的位置就會愈趨極端。一個話癆的右腦葉，會在左腦葉如風中殘燭時，燃燒得如熊熊大火般。

「衝動控制是一切的關鍵，」畢提告訴我。前皮質的不平衡也關乎攻擊性，以及「你評估一個計畫會如何開展與會有哪些後果的能力」。反社會者（sociopath）是左腦占優勢，沒有情緒，且有不可思議的自我控制能力；而精神病患者（psychopath）則是右腦極端占優勢，且毫無自我控制力，「這在殺害配偶的兇嫌身上很常見。」畢提說。

我沒把這訊息告訴我太太。

右腦強勢者欠缺衝動控制這點，經常在職場工作中表現出來。「如果我是一個右腦強勢的執行長，在會議上有個員工開始說起蠢話，我可是不會客氣的。我會氣不打一處來，然後叫他閉嘴。」畢提說。

那身為可憐的話癆該怎麼辦呢?能做的不多,畢提說。畢竟,你沒辦法重新連結你的大腦,也沒辦法用電擊使神經元恢復平衡。「這並非絕對的宿命論,但想改變你本質的空間真的不大。」他告訴我。

訓練自己學會住口——

你不用急著絕望。酗酒也沒有特效藥,但酒鬼一樣可以發展出自律來戒酒。他們沒辦法徹底擺脫酒癮,但他們可以設法控制住酒癮。話癆也可以比照辦理。我敢這麼說,是因為我做到了。其實做到這點的也不只有我。四十年來,喬·拜登(Joe Biden)一直是競選之路上自爆的衛冕冠軍——報紙封了他一個「自爆之王」的頭銜。但二〇二〇年不知怎地,拜登養成了住嘴的習慣。他會把說話聲音壓得很低,答覆也變得很精簡。他在發言前會暫停一下。當記者們出現,他只會簡單地回答幾個問題,給出四平八穩的無聊答案,然後快閃離開。

拜登的故事給了我希望。我心想，如果連能當到總統又年紀一大把的人，都可以訓練自己閉上鳥嘴，那我肯定也可以。我完全沒有競選公職的夢想，但我還是有很充分的動機。我想要變成一個更好的老公、更好的父親和更好的朋友。我想要讓自己不再害怕社交活動。

但具體上，我該怎麼做呢？我可請不起演講教練。我找不到線上課程可以教會我如何閉嘴。因此，在與畢提交談後，我只能開始了我的單打獨鬥。我讀起了書本，翻起了研究報告。我訪問了幾十位形形色色、各有所長的說話專家：歷史學者、社會學者、政治學者、傳播學教授、企業高管教練、心理學家。有些資訊學起來並不輕鬆，有的還會嚇我一大跳。有一份研究報告探索了大眾在職場上對多話者有什麼樣的觀感（**簡單講：人們恨我們**），它也讓我看到我們對士氣跟生產力造成的傷害有多大。同樣讓我心一沉的是，有相關的統計數據顯示，男性是如何一天到晚打斷女性，用聲音蓋過女性，而且更糟糕的是幾世紀以來，男性都在指控女性是長舌婦，須知在中世紀，女性會因此在遭受極盡羞辱的方式下接受審問、被判罪、用刑，而其罪名就叫作「舌頭的罪孽」。

然而，我也發現了許多讓人振奮的資訊——像是只要戒掉設計來讓我們變成多話者的社交媒體app，我們就可以獲得很大的助益，還有，只要能在說話的方式上做出細微的調整，我們就可以降低焦慮、增進情緒福祉，甚至強化我們的免疫系統。我很幸運地能找到許多人來帶領我完成學會閉嘴這項課題，比如在麻州的伯克夏爾山區（Berkshires），有一名在靈性上天賦異稟的森林浴嚮導，他教會了我如何在大自然裡靜坐；科羅拉多州的一名企業大師，傳授了我實用的傾聽練習法；紐澤西州的一名教授，開啟了我的傾聽課程；加州一名心理學家，協助監獄中的受刑人培養出控制衝動的能力，好讓他們可以在假釋的聽證會上管住嘴巴，以增加獲得假釋的機會，而她的這些技巧，也幫助了我掙脫建構在我四周的多話牢籠，那座形而上的監獄。

有了這些理論、建言跟練習，我發展出我原創的「閉上鳥嘴五法」，並開始身體力行。我將之視爲一種日常的鍛鍊。我訓練自己在不舒服的沉默中走入平靜。我會記得要暫停，給對方空間往下講。我會提醒自己要問開放性的問題，並適時加上一些諸如「嗯」跟「是喔，眞有趣」這樣的詞語。

接起電話前，我會深呼吸並放慢自己的節奏。我會用蘋果手錶上的心率監測功能確認這麼做有無效果。在通話過程中，我會放低聲量並放緩拍子。

我撤離了社交媒體。我訓練自己接受尷尬的暫停懸在對話當中，也讓自己在徹底的安靜中與人同席而坐。我上起了線上課程，並跟孩子們一起進行了練習。表面上，我們親子之間是在「聊天」，實際上，整個過程中我扮演的角色就叫作「有耳無嘴」。

在個人書桌前，我讓自己被各種提示物所包圍。爲了讓自己在Zoom的線上會議不失控，我貼了一張紙在牆上，位置就在電腦上方，上頭有用word字型尺寸六十的大字告誡著我：「**安靜！聽就好！回答要速戰速決！火速總結！**」我某位多話的友人也在他的筆電上貼了一張便條，上頭寫的是，「神啊，請助我一臂之力，讓我閉上這張嘴。」在會議開始前，我會花點時間想清楚開會的目的：我需要傳達什麼內容，以及我需要知道些什麼。我會將這些寫在筆記本上，依照這些重點發言。

一開始我做得蠻不錯。我會很有方向感跟目的性地進入一場會議，可是會議中會有人突然問出一個問題或丟出一個看法，於是，我就會忘記了會前的計畫，開始脫稿地盡情發揮。所幸，慢慢地，我還是累積出了更多的自律性。接著，神奇的事發生了：我開始感覺愈變愈好，情緒上如此，生理上亦然。我在說話上做出的努力，開始外溢到我生活中的其他層面上。我變快樂了。我對待人變得更溫柔，他們對我好像也更客氣了。我很難將之化爲具體的文字，總而言之，生活就是變輕鬆了。

那瞬間，我意識到關上嘴巴不僅可以助你趨吉避凶，或是幫你在買車時討價還價，事實上，閉上鳥嘴的本質就是一種心理治療。

焦慮之輪

多數人之所以多話都是始於焦慮。有可能是社交焦慮，那種處於陌生環境中跟陌生人打交道的焦慮；又或許是像我一樣，單純有種走到哪兒焦慮跟到哪兒的感受，成天皆如此。焦慮是我們這個時代的主奏曲。在新冠疫情發生之前，焦慮的比率早就已在節節攀升，年輕人尤其是重災區。而疫情導致的封城，更讓焦慮人數直線飆高。二〇一九年，當時疫情尚未爆發，就有三分之二的美國人聲稱自己極度或有些焦慮，這是美國精神醫學學會（American Psychiatric Association）[4]告訴我們的情況。每五位成年美國人中，就有一名苦於貨眞價實的焦慮症。[5]

說話可以緩解焦慮——或至少我們這麼以爲，那就像是我們覺得焦慮可以被我們用說的給說掉，或是藉由說話可以讓我們分心進而忘卻煩惱。可是實際上，多話不但不能緩解焦慮，還會讓事情變得更糟。你說得愈多，就會愈發焦慮。那是一種惡性循環，我稱之爲「焦慮之輪」。

同樣的事情，在社交媒體上也看得到。我們使用臉書、IG、抖音與推特等社交媒體平台作爲心理的舒緩機制。一感覺到焦慮，我們就會開啟app並緊接著滑動介面，希望能藉此趕走焦慮。然而，還是那句老話，這麼做只會帶來反效果。使用社交媒體只會增加你的焦慮感，那並非一種意外。社交媒體app的設計出發點，本就會導致你的焦慮。在你嘗試紓解焦慮的過程中，反而會讓自己的焦慮變本加厲；跟說話一樣，你會讓自己坐上焦慮之輪。你原本的焦慮會惡化爲憤怒和憂鬱。

閉嘴的厲害之處就在於它可以讓你倒轉焦慮之輪，使其開始反向轉動。安靜地坐著會讓人感到困窘——但那只是一開始。起先，安靜會讓你感覺到焦慮在升高而非降低；但是，只要你能撐過最先的尷尬，你的焦慮就會逐步消退。社交媒體亦然。剛開始戒除社交媒體時會讓你痛不欲生，你的焦慮會步步高升，你會真的、真的、真的很想點開app。但只要你能好好坐下來接受那種不適感，試著與其共處一室，焦慮就會慢慢消失。練習把話量減少，與社交媒體保持距離，你就會發現，自己不再時時刻刻都那麼焦慮。這整個過程中，其實就是在無形地治療你自己。不乏醫師發覺，對某些人來說，戒除社交媒體的效果與服用抗憂鬱藥相當。

閉上鳥嘴作為一種個人蛻變

我們怎麼說話，決定了我們是什麼樣的人。所以說，改變了說話的方式，你也就改變了自己是誰。關於閉上鳥嘴，最讓我驚訝、也讓我真正意想不到的是：它是一條通往個人蛻變的路徑。專注在你說話的方式上，代表著你得去意識到一件我們往往不知不覺在做著的事。

說話，就像呼吸。你不會去想著它，你只是自然而然地持續做著。一旦你開始注意自己是如何在說話，你就會開始思考你為什麼會這樣說話。如此一來，就等於做起了某種冥想或心理治療，你把注意力轉向了內裡。你從事起了自我反省與自我檢視。你在思考你是誰。

閉上鳥嘴是一種健身，是一整組運動，同時，也是一種心理過程，一種主動、動態的實踐。任何事情但凡願意花心力、賦予專注、給予練習和建立心理紀律，都可以改造你、定義你。練武對某些人而言，正是這麼一回事。對其他人來說，它可能是練習鋼琴、下棋、甚至是園藝與料理。

我曾經是一名划船運動員。這項運動結合了生理與心理的力量，其中，心理部分的重要性可能還更甚於生理。划船需要完全的專注，不容一秒鐘的懈怠——用意在於保持船身平衡、思索手部動作、感受船槳划過水中的拉動、測定手下划後回到原本位置的時間長短。這是一個重複性的過程。同樣的動作，你必須一次又一次地重複，每次的划動都在追求著完美，卻鮮少能眞正做到百分之百。

你每天花在水面上的一至兩小時既是運動，也是在禪修。那過程定義了你。這就是爲什麼划船選手偶爾會說，「我划船」，但更多時候他們會說，「我是個划船之人」。

我的起心動念從未含括踏上一段自我發現之旅。一開始，我並沒有把閉上鳥嘴當成是通往自我提升與蛻變的終極捷徑。我只是不想繼續逼瘋自己，不想繼續惹人厭。但我最終，卻有了意想不到的豐沛收穫。歡迎你加入我。

---

1 **different kinds of overtalking**: Raypole, Crystal. "Has Anyone Ever Said You Talk Too Much? It Might Just Be Your Personality." Healthline, February 16, 2021. https://www.healthline.com/health/talking-too-much#is-it-really-too-much.

2 **milder form of the disorder**: Wells, Diana. "Pressured Speech Related to Bipolar Disorder." Healthline, December 6, 2019. https://www.healthline.com/health/bipolar-disorder/pressured-speech.

3 **region of the prefrontal cortex**: Michael J. Beatty, Alan D. Heisel, Robert J. Lewis, Michelle E. Pence, Amber Reinhart & Yan Tian (2011) Communication Apprehension and Resting Alpha Range Asymmetry in the Anterior Cortex, Communication Education, 60:4, 441-460, DOI: 10.1080/03634523.2011.563389

4 **American Psychiatric Assocation**: Americans' overall level of anxiety about health, safety and finances remain high. Psychiatry.org - Americans' Overall Level of Anxiety about Health, Safety and Finances Remain High. (2019, May 20). Retrieved June 23, 2022, from https://www.psychiatry.org/newsroom/news-releases/americans-overall-level-of-anxiety-about-health-safety-and-finances-remain-high

5 **full-blown anxiety disorder**: Facts & Statistics: Anxiety and Depression Association of America, ADAA. Facts & Statistics | Anxiety and Depression Association of America, ADAA. (n.d.). Retrieved June 23, 2022, from https://adaa.org/understanding-anxiety/facts-statistic

第二章

STFU:

The Power of Keeping Your Mouth Shut in an Endlessly Noisy World

關掉網路

網際網路賦予了我們許多前所未見的說話方式——理所當然，我們也就不客氣地說了。你的手機上有多少個app是用來與人溝通的？你平日會去查看的「信箱」有多少個？讓我先猜猜看，你至少有工作信箱、私人信箱，還有手機簡訊。除此之外，你可能還有Slack（職場協作用的通訊軟體）、臉書、推特、IG、領英（LinkedIn，求職版臉書）、WhatsApp、Telegram或是Signal（加密通訊軟體）——而這些，都還只是比較叫得出名字的。

我們說話的對象也包括我們的電視機與遙控器，還有，別漏了客廳裡的那些科技小玩意兒，我們的燈泡、溫度計、手錶、機器人、車裡的儀表板——它們有些也會跟我們對話。我們會對著手機嘰嘰喳喳，而場所還是那些曾經必須保持安靜的聖堂：車子裡、樹林間。我們會一面慢跑、一面在健身房裡推拉，一面還堅持要氣喘吁吁地與人對話。我們會抓起手機，也不管電影正在播放、樂曲正在演唱、死者正在下葬：這世間，再沒有神聖不可使用電話的場合。三分之二的人會在浴室使用手機，兩成的人會帶著手機去淋浴，一成的人會一邊「炒飯」一邊拿著手機觀看。[1]渣上加渣的人類，會進行所謂的混蛋發言：加入Zoom的線上會議，然後在公共場合大發議論——

火車上、餐廳裡、咖啡店內——任憑旁邊的人氣得火冒三丈。

即使沒在說話時，我們也在囫圇吞棗——從資訊的消防水管中，我們暢飲了大量的資訊，而其中，大多只是僞裝的噪音。Netflix預定在二〇二二年發行八十七部電影，[2]以及四十個電視節目，[3]外加若干特別節目。加總一下相當於六百個小時的影片內容，爲此，Netflix將投入的製作費高達一百七十億美元。[4]除此之外，我們還有Apple TV+、Amazon Prime Video、Disney Plus、HBO、Hulu與Starz——族繁不及備載——這還沒涵蓋那些不潮的，普通的老牌電影公司跟電視台所拍的情境喜劇、浪漫喜劇、超級英雄漫畫電影。我們現處的世界在那些電影中，每個星期都得面臨一次毀滅的威脅，然後每週也都需要被穿緊身衣的某人重新拯救一遍。

在二〇二二年，有著獨特片名的影視作品總計有八十一萬七千筆，「把人搞得暈頭轉向」，這是市調業者ＡＣ尼爾遜的原句。[5]尼爾森公司發現，近半數的人面對這麼多的選擇，只覺得頭昏腦脹。但在頭昏腦脹之餘，我們還是沒有停止消費。截至二〇二二年二月的十二個月當中，美國人每週看了一千六百九十四億分鐘的串流內容，這比前一年增加了百分之十八。整個加起來，美國人在二〇二一年共看了一千五百萬年份的串流影片內容。二〇二二年的一份調查顯示，美國人平均一年看兩百九十部電影或電視節目——合計時數高達四百三十七小時。[6]我們花在串流服務上的錢，從二〇一五年到二〇二〇年就翻漲了四倍。[7]

我們讓身邊的噪音汙染包圍著，我們淪陷在某種鋪天蓋地的雜音中。沒有一處室內空間可以自外於音樂——那簡直已成為一種不成文的法律。餐廳裡與飛輪課堂上的音量會被測出超過一百分貝。[8]簡單來說就是非常吵，可媲美拆房子的電鑽所製造出的聲響。[9]問題不只在於吵，問題還在於我們無處可逃。幾年前曾爆出一件事，即美軍會在伊拉克的阿布格萊布（Abu Ghraib）與古巴的關達那摩灣（Guantanamo Bay）對戰俘用刑，手段是用吵死人的音樂對戰俘進行連環轟炸，其中最特別的是兒童節目小博士邦尼（一隻外型是紫色Q版暴龍的玩偶）的主題曲。[10]如果你已為人父母，你就知道為何播放這首主題曲對戰俘會奏效。現在，餐廳、賣場、百貨，甚至是醫院，都從刑求逼供者的攻略裡學到招式，不少人因此苦不堪言。在每項關於開放式辦公室格局設計的研究中，無一不發現，噪音是思考能力與工作效率的殺手，而無盡循環的聖誕音樂之折磨人，更使得零售業員工會為此發動罷工，只是為了讓雇主把音樂關掉。11

現代人的生活已然跟螢幕綑綁在一起：智慧型手機、平板、筆電、電視。特斯拉的車主可以在儀表板螢幕上打電動跟看電影，正所謂何樂而不爲？我們把螢幕塞進了電梯、健身器材、冰箱、打氣機，甚至是小便斗上方的牆面。滑雪勝地把數位顯示器安置到升降吊椅上，然後在纜車裡用音樂轟炸耳膜，因爲盯著壯闊的雪峰暗暗讚嘆純屬小孩子的玩意兒，大人就是要伴著重金屬名曲《睡魔降臨》在那裡激情搖滾才對，你說是吧？谷歌研發出了穿戴式眼鏡裝置，可以將資訊發送到我們的眼球裡，但以失敗告終；而據說，蘋果也在研發類似的產品，並且他們的產品應該可以成功，因爲蘋果出品的就是比較酷，就是貴翻了也值得——如果果粉（蘋果的粉絲）是貓咪，那蘋果的產品就是貓草。臉書的母公司Meta販售了一款虛擬實境眼鏡，可以把螢幕連結到你的臉上，並搭配打造了一個想像的世界叫作元宇宙，讓我們可以在其中元工作、元購物、購置元房子，甚至元做愛。倘若臉書的老闆祖克伯可以得償所願，那我們恐怕會有更多的時間活在網路世界裡，而不在現實世界中。

我們不單要閉上鳥嘴，還需要關掉網路。

敵人我們都認識，敵人就是我們自己——♥

網際網路最棒的一點，就是它讓我們每個人都可以——容易且便宜——創作出各種作品在網路上分享。而網路的壞處正也是太多人知道這一點並把握住這一點。今天，網路上的部落格總數是六億多個，每天的新文章有兩千九百萬篇。[12]網路上現今有兩百萬個podcast電台，數量是二〇一八年的四倍。[13]

每一分鐘，都有五百個小時的影片內容被上傳到YouTube平台上。[14]就在這六十秒鐘裡，大約一百八十萬筆快閃的Snap訊息被創造出來，約莫七十萬篇文章被貼到了ＩＧ上。[15]將近六十萬條推文被推了出去，十五萬條Slack訊息被傳送。[16]每一分鐘，人類會看完一億六千七百萬分鐘的抖音短片，四百一十萬支長短不一的YouTube影片，七萬個小時的Netflix內容，聽完四萬個小時的Spotify音樂。[17]

每一。該死的。分鐘。

疫情封城期間，喜劇演員柏・本漢在他於自家拍攝的特別節目《我的隔離日記》

中納悶道：「有必要嗎？地球上的每一個人都得把他們對每一件事的每一個意見，在同一個時間通通表達出來，真有這必要嗎？或者稍微換個方式問。有誰可以管好自己的嘴嗎？有哪一個誰可以對隨便一件事閉上嘴巴，安靜個……一小時嗎？那有可能嗎？」[18]

網路內容有如寒武紀的生命般大爆發是始於二〇〇〇年代初期，當時的網路速度變快，跟著帶動了網路實用性的升高。但網路內容量的真正起飛，還得等到二〇一〇年代，彼時，智慧型手機加入了戰局，促使我們將各式各樣無極限的消遣娛樂放進口袋裡跟著我們趴趴走，但凡有網路的地方都能唾手可得。使用數據機進行撥接的年代，我們會說我們要「上網」，而今，已演變成網路就在我們身上。我們的軀殼去到哪兒，網路就在那兒。網路與環境融爲一體，正因如此，工作變得要求我們隨時待命，隨時要收發電子郵件，Slack上的每一聲「乒」都不能漏。正常的上班日，Slack上的使用時數可累計突破十億分鐘。[19]它原本的設計是用來拯救勞工，特別是那些遠距工作者；如今卻變相爲職場的萬惡之源，只會打斷人、摧毀勞工的生產力。

美國人平均的app使用數是每天十個，每月三十個，並平均每十二分鐘查看一次智慧型手機。硬核網路成癮者更是會每四分鐘就查看一次。每五個千禧世代就有一個人會在一天內打開某app五十次以上。二〇一〇年，美國人平均每天使用手機二十四分鐘。到了二〇二一年，我們每天黏在螢幕上的時間已達四小時又二十三分鐘。[20]抖音——資訊世界裡的速食食物——有十億多位用戶，且根據一家研究公司指出，抖音用戶平均每個月會在上頭待八百五十分鐘。[21]

我們對於用內容懲罰自己的胃口是如此之大，結果就是我們會使用雙倍速去播放YouTube跟podcast，就爲了稀哩呼嚕地看或聽完兩倍份量的東西。但即便這樣，我們仍不滿足。於是，我們開始一次看好幾個螢幕。我們會坐在追劇用的電視機前看著《泰德．拉索》（*Ted Lasso*；體育類情境喜劇），一面滑著iPhone上的推特、抖音、IG，再另外查看筆電上的電子郵件。大約九成的人[22]會一邊看電視，一邊使用第二種裝置。至於我們爲什麼要把自己搞成這樣？因爲我們做得到。

問題在於其實我們做不到。我們的大腦非常不善於多工。硬要這麼幹，只會讓我們看起來很蠢——不是比喻，是眞的蠢。某研究發現多工會讓人的智商降到八歲水準，或一整晚熬夜呼麻後的水平。你自己選吧。[23]學者已經確認出一種生理異常叫作

「數位失憶症」，患者會失去積蓄長期記憶的能力。在一項研究中，四成[24]的受試者記不得他們孩子的或公司的電話號碼。

在此同時，網路上的內容開始愈變愈短，而這點對於我們保持專注的能力有極大的殺傷性。二〇一五年，微軟的一支研究團隊得出了一項驚人的發現，即自網路破曉的二〇〇〇年以來，人類的平均注意力長度已經從十二秒縮水到八秒[25]——已經輸給金魚了。這數據還是在抖音問世、用全長僅十五秒的短片轟炸我們，讓我們張大嘴、迷茫地瞪直雙眼之前。

內容更短、播速更快、三個螢幕同時來：如今，我們的注意力長度已經直墜至——什麼？四秒？四秒尚足以讓我們贏過果蠅，牠們的注意力長度只有一秒不到。不過用不著擔心，辦法是人想出來的。

以光速前進的沒營養資訊

問題不在於有多少東西在朝我們飛來，而是在於有太多這些東西都是會讓大腦變成一團糊糊的數位垃圾。某些人口中的電視黃金時代始於一九九九年，其中，最具代表性的作品先是有《黑道家族》，接著有《廣告狂人》、《絕命毒師》，還有《權力遊戲》。你可以認爲——事實上很多人各自認爲——這個黃金時代已經告一段落／正在走下坡／還在如火如荼地進行中。但你不能否認的是，每一部神劇背後，對應的是五十部雷劇，而且這個比率還在通膨，很快就會變成一部神劇兌換一百部雷劇了。我們被有毒垃圾的海洋所包圍，而且海平面還在不斷上升。

傑克．保羅（Jake Paul）的叫聲簡直像是腦部受損的驢子——但他在YouTube上有兩千萬訂閱者。面皰爆破博士（Dr. Pimple Popper；加州一名女性皮膚科醫師）用機關槍朝我們的螢幕瘋狂掃射黑頭粉刺與爆發的膿液岩漿——而她的電視節目已經連播了七季還欲罷不能。強尼．諾克斯維爾（Johnny Knoxville；美國喜劇演員）已經拍了五部《無厘取鬧》（*Jackass*）的系列電影，其內容，基本上就是一個個角色一直在想新的手法來互砸彼此的「蛋蛋」——結果這些電影已經累積了超過五億美元的票房。

環境愈吵雜，你想被人看見就得愈過分、愈令人反感。最後，就是把我們的世界變成《傑瑞・史普林格秀》（*Jerry Springer Show*；在節目上揭人瘡疤，藉此引戰的八卦節目）跟《蠢蛋進化論》（*Idiocracy*；二〇〇六年的科幻搞笑電影）的混血。在《蠢蛋進化論》所描述的反烏托邦世界裡，人類已經退化成白癡，人們最愛看的電視節目是《喔！我的蛋蛋》，其內容是關於……嗯，就是那樣。

如果在幾十億光年之外，有一些高智慧的外星文明一直在觀察著我們，當他們看到我們創造出網際網路的時候，大概會感到十分振奮。號外！一場演化大躍進！但二十年後，他們看到的卻是我們如何利用此一非凡的科技突破變得如此墮落，他們會準備好把我們從觀察名單上刪掉，將他們用來觀察地球的衛星碟盤插頭拔掉：PewDiePie？[26]喬・羅根？[27]好吧，我們看夠了。

把人變蠢的智慧型機器

我們從二〇〇〇年以來所歷經的科技變革相較於之前的一百年加起來都多，搞得我們的大腦有點跟不上。二十年在演化上不過是一眨眼的時間。十五年前，Netflix還在用郵寄的方式寄出DVD光碟；十年前，IG還只有十五名員工；五年前，抖音還不存在。

二十年前，我們許多人天眞地相信網路會帶來烏托邦式的輝煌年代：「想像一下再二十年的完全就業……還有生活水準的提升，」《連線》（*Wired*）雜誌的創辦人在一九九九年曾如此預測。[28]可是後來，少數網路巨頭壟斷了網際網路，將科技變成了用來對付我們大多數人的武器。我們根本不是機器的對手。

儘管表面上看來似乎一切安好，事實上，我們已經陷入了重圍，包圍我們的是智慧遠遠超越人類的數位智能。抖音是個速食app，裡面有很多人在做著愚蠢的事，看多了會把人變笨。但是驅動這個小程式的無疑是世界級的先進人工智慧演算法。抖音的程式碼在誘發成癮時的效率之高，促使臉書、IG、Snap與推特都嘗試釐淸其運作方式，就爲了能如法炮製。

在過去短短十年間，人工智慧已經悄悄來到我們身邊，成爲了股票市場與超級市場背後的一股力量，從貨運到血拚背後，都不乏人工智慧的影子。僱用我們的是機器，開除我們的也是機器。我們受到的監督、測量與管理，全是出自演算法之手。好萊塢的製片廠使用人工智慧來搞清楚哪部電影該放行開拍；廣告主使用人工智慧工具來判斷該在網路廣告中放進什麼讓宣傳效果更好：小狗比小貓好、醫師與自行車的照片讓人更願意看下去。你在Netflix、亞馬遜、Spotify上看到的推薦，還有在臉書上滑到的廣告，都是經過人工智慧的精挑細選而出，在其做出判斷之前，已經事先蒐集了數千筆關於你的資訊，然後用千分之幾秒的時間，篩選出能左右你這隻小猴子的小腦袋按下「購買」鍵的字眼和圖片。

一開始是我們使用電腦，現在是電腦使用我們。

這些新科技以及新科技被導入我們生活的速度，已經讓我們看傻了眼。我們被暴露在各種壓力與焦慮源的程度之高，是人類有史以來僅見，須知很多事物都是我們上一代人所難以想像的。你能想像二〇〇〇年的你看到自己如今的模樣，會有多震驚和沮喪嗎？臉書等服務所使用的演算法，「已然徹底重設了我們的腦迴路」，[29]某位臉書前高層在國會作證時這麼說。

愈來愈不像人——

變了的不只是科技；還有我們。

我們的大腦滋滋滋地閃著雜訊。我們無法專心、無法記住事情；我們學不會新東西，也沒辦法清晰地思考事情。我們每天就是滑著手機，查看末日的消息、在推特中發洩怒氣、爆量地追劇、發沒營養的廢文、使用串流直播。我們會變成低頭族而搞砸很多事情：我們會怠慢某人，因爲我們寧可盯著手機，也懶得與隔桌而坐的人交流。我們會無法全心參與孩子的足球賽或五音不全的舞台劇，因爲我們忙著高舉手機把一切記錄下來。美國人平均每年的自拍照超過四百五十張；[30]換算成一輩子就是兩萬五千張。我們把機器人當成眞人，甚至跟它們吵架。我們會對著自己的食物猛拍。

我們搞不懂這些科技，但在科技的引誘與迷惑下，我們跳進了龐式騙局，跟著被扒一層皮。加密貨幣投資人拿著眞金白銀的法幣去購買虛無飄渺的假錢，最後落得在幣圈裡屍骨無存。NFT（非同質化代幣）買家砸下數十萬乃至數百萬美元去買噱頭十足的「無聊猴」，而那圖像任何人都可以不花一毛錢翻印，且不具任何實用價值，它頂多只能用來告訴我們，有些人有錢歸有錢，但也蠢得可以。

二〇二一年，一名有錢但腦袋不很靈光的投資人付了兩百九十萬美元購買了一張NFT，對應的標的物是推特共同創辦人傑克．多西的第一則推特發文。數月後，他打算脫手，他期望中的賣價是四千八百萬美元，結果，最高的出價是兩百八十元，[31]沒有萬。該說不意外嗎？

焦躁年代——

網路不只讓我們變笨，還會引發我們的怒火。那是因爲，當涉及創造大量傳播連結時，憤怒所能帶來的成效往往很高。憤怒的貼文會比幸福美滿的貼文更容易獲得轉傳。[32]比起露出笑臉的畫面，暗示著困惑、憤怒、恐懼與厭惡的發言更能博取關注抓住眼球。[33]所以大家就都這麼幹了。而這種網路行爲也會反滲透回我們的現實世界中。過半數的美國人在民意調查中表示，他們自己以及身邊的所有人火氣都比以前大。現代人的怒氣是如此氾濫，以至於我們已經開始對「大家怎麼都這麼生氣」而感到生氣。我們以爲網路可以激發出我們最好的一面，相反地，它卻帶出了我們最糟糕的一面。我們以爲網路會讓我們團結在一起，取而代之的是，它將我們拆散得四分五裂。

網路與資訊過載，把我們推上了永遠停不下來的焦慮之輪，而焦慮，又轉化成了憤怒。

還記得那些人們在網路上會輕易出口，面對面卻絕對說不出的話嗎？如今，他們當著你的面也會毫無顧忌地說了。凱倫們[34]開始四處發飆，要經理出來把話說清楚。（凱倫們如今已是一種全球性的現象，但美國在凱倫界依舊是世界的霸主）鄉巴佬會在自助餐廳裡大打出手。陰謀論者會入侵學校董事會，用鄉音大呼小叫地要求俺的自由。覺醒青年會尖聲斥責微歧視，[35]微歧視者又反過來痛罵覺醒青年。過去的「路怒」如今已不限於方向盤後，它隨處不在，且愈來愈危險。空服員愈來愈常被一拳打在嘴上。美國聯邦航空署在二〇二一年調查了一千多起失序乘客事件，數目是之前任何一年的起碼五倍。[36]凶殺案的比率在美國各大城直線上揚。[37]

看著凱倫（或肯恩）在沃爾瑪發瘋，或是看著匿名者Q（Q Anon，美國一個右翼陰謀論團體）聚在德州的迪利廣場（甘迺迪遇刺身亡處）等待小甘迺迪[38]的出現或許都還算有趣，但當一整群暴民大軍襲擊美國的國會大廈，打算要對副總統動用私刑時；[39]當不在少數的美國民眾深信二〇二〇年的大選是一場「被偷走」的選舉，全因有外星人用火星上的鐳射砲入侵計票機竄改了數字時；當數十萬人死於非命，只因很多人以為疫苗比新冠肺炎病毒還危險、且內含比爾・蓋茲創造的追蹤器而不肯接種時，事情可就沒那麼有趣了。

這是整個社會層級的心理疾病，持續不斷的噪音撕裂著社會的質地。社會上的兩極矛盾已經激化到對於一個問題我們無法與意見相左的人好好對話——我們只會到處走來走去，一會兒鬼吼鬼叫，一會兒相互羞辱威脅著要對方好看。

解離的年代

讓人瘋狂，是怎樣的一個過程？人會瘋狂有一部分的原因是我們上網後會變成另一個人。就算是使用眞名，就算我們認爲自己還是同一個人，那都只是我們的一廂情願罷了。你的網路人格跟你的現實人格就是兩個人。而且你的網路人格還可能不只一個，你會在不同的平台或環境中變化形態，每到一處就創造出一個新的身分。我們會被變成表演者，在Discord、臉書、IG、抖音和推特的「舞台上高談闊步」，[40]消磨時間，卻無分毫意義可言。

社交媒體導致現代人發展出一種輕微的解離性身分障礙（Dissociative Identity Disorder），也就是過去所謂的多重人格分裂。《驚魂記》（*Psycho*）與《心魔劫》（*Sybil*）這類驚悚片詮釋的就是這種疾病。現實中，一名德國女性在線上遊戲裡扮演了各種角色兩年後，罹患了這種精神疾病。精神科醫師發現，極重度的網路使用者——網路成癮者——往往會展現出解離性的心理症狀。在網路訊息的洪流下，我們正在經歷社會規模的精神疾病。這整個世界都需要閉上鳥嘴。

可體松、腎上腺素與慢性壓力——

可體松與腎上腺素都是壓力賀爾蒙，關係到或戰或逃的抉擇。我們在面對將被老虎撕裂或被搶匪洗劫的威脅時，都需要依靠這種抉擇反應來救自己一命。當這些激素被釋放到血液中，所有與生存無關的機能就會關閉，你的血壓、心率與血糖會直線飆升。這些生理現象在你需要保命時，是非常有用的。

在瞬間爆發中，可體松與腎上腺素可以幫助我們；少了壓力賀爾蒙，我們將小命不保。但慢性且長期的壓力賀爾蒙就另當別論了，而且，是壞事。

上網，特別是用手機上網會創造出一種不算強但不間斷的壓力，它會導致你的身體長時間分泌可體松。滑手機會讓你壓力纏身，但不滑手機同樣讓你有壓力——因爲當你不滑手機時，你會納悶是不是該查看一下手機，看看自上次看完手機之後，有沒有又發生了什麼事情。

結果，等你忍不住抓起手機卻只發現你的討厭鬼老闆又找到了一個新管道來讓人討厭。而推特上，則是有一個你不認識的人要你知道你問題很大，應該去死一死。轟！可體松的閘門瞬間大開了。你的緊張度或許不會高到如老虎從灌木叢中撲出來突襲你那般，但事實證明，長期的低度可體松分泌比一次性的大量湧出更傷身。長期活在可體松濃度偏高中，會導致很多不良後果：肥胖、第二型糖尿病、心臟病、阿茲海默症。可體松會製造焦慮與憂鬱。爲什麼抗憂鬱藥的用量跟自殺率會在過去二十年間大幅飆升。你要猜猜看嗎？

「長期浸泡在大劑量的可體松裡會要了你的命……但那是一個慢慢發生的過程。」內分泌學學者勞勃．拉斯提格（Robert Lustig）在《破解美國人的心靈：我們的身體與腦部受到的企業併購與其背後的科學原理》（*The Hacking of the American Mind: The Science Behind the Corporate Takeover of Our Bodies and Brains*）中作此解釋。可體松會引發「認知功能欠佳」，並干擾到你腦中負責處理自我控制和做決策的區域，也就是「讓我們不會去做蠢事」的那片腦葉。拉斯提格對《紐約時報》說。

可體松有可能造成腦部損傷。它會破壞你的記憶力使你的腦袋變遲鈍。你得很辛苦才能維持專注；你很難好好把事情想清楚；你會說出讓自己悔不當初的蠢話。「你的智商會一墜千里。你的創意和幽默感——全都會消失無蹤。你會變笨。」心理學家艾德華・哈洛威爾（Edward Hallowell）暨《分心不是我的錯》（*Driven to Distraction*）與《忙到瘋（暫譯）》（*Crazy Busy*）的作者，就是這麼告訴《連線》雜誌。

接著，你會發現自己攤在沙發上，看著青春痘被某個女皮膚科醫師擠爆，或跑去加入群衆衝破國會山莊的拒馬，又或是上推特對著聊天機器人吼叫。

「他x的關掉網路」運動——

Netflix製作的電影不會愈拍愈少。臉書、谷歌、推特也不會自我約束。政府的主管單位會祭出罰款，但不會有任何效果。國會議員對於網路連最基本的認識都少得可憐，這包括他們連科技巨擘是怎麼賺錢的都沒什麼概念。「參議員，我們有登廣告。」祖克伯曾對猶他州參議員歐林・哈契（Orrin Hatch）這麼解說過，就像在對小朋友說話一樣。連推特跟抖音都分不清的人，你能期待他立法控管好人工智慧演算法嗎？

所以：想要關掉網路，我們只能自立自強。我們無法改變世界，但我們可以保護自己不受世界的侵害。在個人層次上，這表示我們要照顧好自己的心智，保持神智清明。在集體層次上，這代表我們要守護好人類文明。呼籲把網路關掉的不是只有我一個人，一個新興的、擁有許多支持者的「他X的關掉網路」運動正在集結成形，一群爲數尚且不多，但確實在成長中的閉嘴團隊，敦促著我們從讓人瘋狂的資訊過載中後退一步。

電腦科學家傑容．藍尼爾（Jaron Lanier）吹響了警報，並在一本著作中提出我們應該戒掉社交媒體的諸多理由。一群出身谷歌、推特等科技公司的前高層參與了一部紀錄片的拍攝，片中，他們爲創造出會讓人上癮的app致歉，並訴請民眾不要繼續使用。提姆．柏納—李（Tim Berners-Lee）身爲發明全球資訊網（World Wide Web）的電腦科學家，他相信網際網路已經失控，並且需要修正。儘管聲量不大，但有跡象顯示，一些人的確聽從了他們的建言。二〇二二年上半年，臉書用戶開始飄離，財報首次出現下滑，不過用戶也可能只是轉檯而已。二〇二二年，Netflix有史以來首次流失訂戶，這似乎顯示民眾已經開始吃不消過剩的內容，或至少他們已經不想繼續為其買單。

沒有人會徹底棄用網路或把他們所有的串流訂閱退乾淨，這樣的期待太激進也太不切實際，而且也不應該。因為在無數方面，網際網路確實大大改善了我們的生活便利性，而Netflix和其他串流媒體裡也不是完全沒有好節目。但是，我們可以訓練自己與他人減少收視量，並以危害較小的方式使用網際網路——在焦慮之輪上減速，並適時關掉網路。

變得反社會

專事媒體研究的教授伊恩．波格斯特（Ian Bogost）建議我們要限縮自己在網路上的互動人數。他舉出英國心理學者羅賓．鄧巴（Robin Dunbar）的研究，認為一個人可以進行有意義互動的人數有其生物學上的上限：大約一百五十人。如果是眞正親密的關係，人數額度在十五人。而且人際互動的量與質之間是成反比的關係：你的人際關係愈多，它們的互動品質就愈差。

波格斯特宣稱，鄧巴的上限說不僅可用於網路人際上，也適用於現實人生。但網路的不同處在於它可以讓我們以「超大規模」的方式去操作人際關係，我們的網路人脈動輒可以上看千人、萬人，甚至上百萬人，而這點也讓我們與現實脫節，朝著災難的冰山駛去。二〇二二年，波格斯特在《大西洋月刊》（*The Atlantic*）中，一篇名爲〈人類這麼多話根本不正常〉的文章裡寫道，「活在由超大規模的人際關係所吐出、不斷累積上升的垃圾中，這樣的生活是不可能長久的。」[41]

波格斯特的論點可以歸結爲每個人都應該閉上鳥嘴：「網路的弊病很多，但萬變不離其宗的一個問題是：我們都馬不停蹄地在對彼此說話。你可以用各種角度去理解這一點。在網路工具出現前，我們說話的頻率沒那麼高，說話的對象也比較少……我們已經不能再等了，我們必須立刻開始質疑網路生活裡一個根本性的前提：會不會我們身而爲人，根本不應該這麼多話，不該有這麼多聽衆？也不該這麼頻繁地開口？……會不會少一點人發文，發文的量與頻率不要那麼高，也不要那麼多人看到，才是比較好的狀態？」

那樣確實比較好。但要怎樣才能做到？波格斯特認爲，網路公司應該重新設計線上空間，藉此來限制我們能透過網路觸及的人數。這是一個不錯的發想，但我曾身爲一家大型社交媒體公司的顧問，我可以向你保證，這件事永遠不會發生。沒有誰，沒有任何一個網路公司的人會覺得限制用戶這個想法好棒棒。網路公司裡但凡有人開口，說的都是如何把人拉到平台上且盡可能讓他們多待一會兒，以及如何把流量從其他平台上偷過來。

企業的目標就是成長，除了成長還是成長，不計代價、不擇手段地成長。社交媒體業者僱用成千上萬的版主和小編管理秩序、過濾廢文，並不是因爲他們在乎網路安全，而是因爲垃圾內容會讓人對此網站卻步，不利於公司的成長。這些公司不是在保護你，他們是在保護自己的生意。

關掉網路有何道理——

想要關掉網路，我們首先得檢討我們使用網路的方式。請你捫心自問，你一開始上網的初衷是什麼。你想透過上網得到什麼？你得到了嗎？

我們的手機是一種FOMO的機器，我們使用手機爲的是確保自己「不錯過任何事」。FOMO是Fear of Missing Out的縮寫，其中第一個字已表明這是一種恐懼，而我們深信手機可以替我們處理好這種恐懼。我們緊緊握住手機，就像握住了那條令人安心的毯子。我們用手機來安撫自己，卽便手機很諷刺地正好是那樣最不能讓人得到安撫的物件。它們是焦躁的製造機，是由電池驅動可以握在手裡的恐懼製造機。

重要的是，「缺席恐懼」（FOMO）這個詞在手機出現前，根本不存在。在還沒有智慧型手機的年代，我們一天到晚缺席這，錯過那，但人們也沒有因此感到緊張。一感到難過、害怕或焦慮，我們就會去血拚：鞋子、車子、遊艇、更多鞋子、房子；

你自己選吧。消費文化的原動力來自於我們相信東西買得夠，我們就能把內心關於存在感的虛空填滿。當然了，失落感與對關注欲求不滿的血盆大口是永遠都塡不滿的。只不過比起放棄治療，我們還是寧可再三向零售業約診。

如今的我們爲了舒緩焦慮，不只會跑去消費各種莫名其妙的商品，我們還會去消費各種沒有重點的資訊。我們會拚了命在體內囤積無形的垃圾，一口氣看三個螢幕，然後用雙倍速播放，直到我們的大腦開始漏電。噪音可以讓我們分心、讓我們逃避，讓我們不用去面對那些把我們嚇得半死的事物——比方說死亡。擔心工作？失戀心情不好？覺得無聊、焦慮、躁動、緊張？不然點開抖音看看好了。

諷刺的是，很多人觀看抖音是希望能藉此改善他們的心理健康——結果是抖音把他們的內心世界搞得一團亂。那就像是砸錢買鞋子、買車子，瘋狂吸收資訊也無助於你的問題，反而只會讓你的問題更大。焦慮之輪不會因此停下。

沒有人不希望獲得幸福快樂。但我們做出來的事卻毫無疑問地將我們往不快樂的方向推。我們說網路跟資訊過載的語氣，彷彿我們毫無抵抗力，好像那是一件無視我們的意願逕自發生在我們身上的事，而非我們可以有所選擇的事。但消費永遠是一種選擇，我們不想，就可以不要。

網路永遠不會變成一個恬靜的場域，除非你對恬靜的定義是美式足球的賽事現場、或是曼哈頓的中城。喧囂永遠不會有靜下來的一天，但我們可以。只要還在意自己的生理健康與內心的福祉，我們就必須拔插頭、斷捨離——把網路關掉。

---

1 **checked their phone while having sex:** The attachment problem: Cellphone use in America - surecall. SureCall. (n.d.). Retrieved May 26, 2022, from https://www.surecall.com/docs/20180515-SureCall-Attachment-Survey-Results-v2.pdf

2 **eighty-seven movies in 2022:** Moore, Kasey. "Netflix Unveils Slate of 87 New Movies Coming in 2022." What's on Netflix, February 10, 2022. https://www.whats-on-netflix.com/news/netflix-unveils-slate-of-87-new-movies-coming-in-2022/.

3 **plus forty shows:** Gaudens, Reed. "Full List of Netflix Shows Confirmed for Release in 2022." Netflix Life. FanSided, January 27, 2022. https://netflixlife.com/2022/01/27/full-list-netflix-shows-confirmed-release-2022/.

4 **$17 billion to produce:** "Top US Media Groups Including Disney, Netflix Look to Spend $115b in 2022: FT." Yahoo! Yahoo! Accessed March 1, 2022. https://www.yahoo.com/video/top-us-media-groups-including-105112204.html#:~:text=Netflix%20Inc%20(NASDAQ%3A%20NFLX),cash%20flow%20positive%20in%202022.

5 **according to Nielsen:** Winslow, G. (2022, April 6). Streaming is up, but consumers are overwhelmed by 817K available titles. TVTechnology. Retrieved May 27, 2022, from https://www.tvtechnology.com/news/streaming-up-but-consumers-are-overwhelmed-by-

817k-available-titles
6 **that's 437 hours:** Melore, C. (2022, May 6). Average consumer cutting 3 streaming services from their lineup in 2022. Study Finds. Retrieved May 27, 2022, from https://www.studyfinds.org/cutting-subscriptions-streaming-tv/
7 **streaming services as we did in 2015:** Stoll, Julia. "U.S. Household Expenditure on Streaming and Downloading Video 2020." Statista, January 17, 2022. https://www.statista.com/statistics/1060036/us-consumer-spending-streaming-downloading-video/.
8 **over 100 decibels:** Buckley, Cara. "Working or Playing Indoors, New Yorkers Face an Unabated Roar." The New York Times. The New York Times, July 20, 2012. https://www.nytimes.com/2012/07/20/nyregion/in-new-york-city-indoor-noise-goes-unabated.html.
9 **loud as a jackhammer:** "Noise Sources and Their Effects." Noise comparisons. Accessed March 8, 2022. https://www.chem.purdue.edu/chemsafety/Training/PPETrain/dblevels.htm.
10 **Barney theme song:** Caba, Justin. "Torture Methods with Sound: How Pure Noise Can Be Used to Break You Psychologically." Medical Daily, January 21, 2015. https://www.medicaldaily.com/torture-methods-sound-how-pure-noise-can-be-used-break-you-psychologically-318638#:~:text=Sound%20torture%20is%20a%20type,torture%20under%20the%20right%20conditions.
11 **make their employees stop:** "Attack on Festive Hits 'Torture'." The Guardian. Guardian News and Media, December 24, 2006. https://www.theguardian.com/uk/2006/dec/24/politics.musicnews.
12 **29 million new posts:** Pryor, J.J. "How Many Stories Are Published on Medium Each Month?" Medium. Feedium, February 3, 2021. https://medium.com/feedium/how-many-stories-are-published-on-medium-each-month-fe4abb5c2ac0#:~:text=Well%2C%20for%20the%20quick%20answer,answer%20for%202020%20on%20Mr.
13 **four times as many:** "2021 Podcast Stats & Facts (New Research from APR 2021)." Podcast Insights®, December 28, 2021. https://www.podcastinsights.com/podcast-statistics/#:~:text=Also%2C%20a%20common%20question%20is,episodes%20as%20of%20April%202021
14 **500 hours of new video content:** Lewis, Lori. "Infographic: What Happens in an Internet Minute 2021." All Access. Accessed March 1, 2022. https://www.allaccess.com/merge/archive/33341/infographic-what-happens-in-an-internet-minute.
15 **700,000 stories are posted on Instagram:** Geyser, Werner. "TikTok Statistics – Revenue, Users & Engagement Stats (2022)." Influencer

Marketing Hub, February 15, 2022. https://influencermarketinghub.com/tiktok-stats/.

16 **150,000 Slack messages:** "How Much Data Is Generated Every Minute on the Internet?: Daily Infographic." Daily Infographic | Learn Something New Every Day, December 1, 2021. https://dailyinfographic.com/how-much-data-is-generated-every-minute.

17 **40,000 hours of music on Spotify:** Lewis. "Infographic: What Happens in an Internet Minute 2021."

18 **Is that possible:** Bo Burnham inside - can anyone shut up monologue. YouTube. Retrieved May 26, 2022, from https://www.youtube.com/watch?v=okq0hj1IMlo

19 **one billion usage minutes:** Bulao, J. (2022, May 2). 21 impressive Slack Statistics You Must know about in 2022. Techjury. Retrieved May 27, 2022, from https://techjury.net/blog/slack-statistics/#gref

20 **four hours and twenty-three minutes:** Galloway, Scott. "In 2010, We Spent 24 Minutes on Our Phones ..." Twitter, January 25, 2022. https://twitter.com/profgalloway/status/1485965678683193349.

21 **850 minutes on the app:** Geyser, Werner. "TikTok Statistics – Revenue, Users & Engagement Stats (2022)." Influencer Marketing Hub, February 15, 2022. https://influencermarketinghub.com/tiktok-stats/#toc-0.

22 **90 percent of us:** Nate Anderson - Dec 26, 2019 5:46 pm UTC. "88% Of Americans Use a Second Screen While Watching TV. Why?" Ars Technica, December 26, 2019. https://arstechnica.com/gaming/2019/12/88-of-americans-use-a-second-screen-while-watching-tv-why/

23 **Take your pick:** Janssen, Christian P., Sandy J.J. Gould, Simon Y.W. Li, Duncan P. Brumby, and Anna L. Cox. "Integrating Knowledge of Multitasking and Interruptions across Different Perspectives and Research Methods." International Journal of Human-Computer Studies 79 (2015): 1–5. https://doi.org/10.1016/j.ijhcs.2015.03.002.

24 **40 percent of participants:** CBC/Radio Canada. (2015, October 8). Forget your kid's phone number? 'digital amnesia' is rampant, poll finds | CBC News. CBCnews. Retrieved May 26, 2022, from https://www.cbc.ca/news/science/digital-amnesia-kaspersky-1.3262600

25 **twelve seconds to eight seconds:** McSpadden, Kevin. "Science: You Now Have a Shorter Attention Span than a Goldfish." Time. Time, May 14, 2015. https://time.com/3858309/attention-spans-goldfish/.

26 來自瑞典的遊戲類網紅，在YouTube上有破億訂閱，曾多年排名訂閱數首位。

27 Joe Rogan，美國喜劇演員兼綜合格鬥解說員。

28 **Wired predicted in 1999:** Kelly, Kevin. "The Roaring Zeros." Wired. Conde Nast, September 1, 1999. https://www.wired.com/1999/09/zeros/.

29 **have literally rewired our brains:** Holmes, Aaron. "Facebook's Former Director of Monetization Says Facebook Intentionally Made Its Product as Addictive as Cigarettes - and Now He Fears It Could Cause 'Civil War'." Business Insider. Business Insider, September 24, 2020. https://www.businessinsider.com/former-facebook-exec-addictive-as-cigarettes-tim-kendall-2020-9.

30 **450 selfies a year:** Sean Morrison, "Average Person Takes More Than 450 Selfies Every Year, Study Finds," Evening Standard, December 19, 2019, https://www.standard.co.uk/news/uk/average-person-takes-more-than-450-selfies-every-year-study -finds-a4317251.html.

31 **highest bid was $280:** Prabhat Verma, "They Spent a Fortune on Pictures of Apes and Cats. Do They Regret It?," Washington Post, May 25, 2022, https://www.washingtonpost.com /technology/2022/05/25/nft-value-drop/.

32 **Angry posts get shared:** "Most Influential Emotions on Social Networks Revealed," MIT Technology Review, April 2, 2020, https://www.technologyreview.com/2013/09/16/176450/most -influential-emotions-on-social-networks-revealed/.

33 **more views than images:** "What Works on Tiktok: Our AI Analysis," Butter Works, https://butter.works/clients/tiktok/ charts. are angrier than in the past: Matt Labash, "High Steaks," blogpost, Slack Tide by Matt Labash, February 3, 2022, https: //mattlabash.substack.com/p/high-steaks?s=r.

34 英文世界的網路上會用「凱倫」（Karen）來稱呼那些因爲一點雞毛蒜皮的小事，就在餐廳、百貨公司等消費場所，大喊「叫你們經理出來」的中年白人女性，也就是一種奧客大媽的概念。

35 透過對話、肢體，或其他表達方式，表現出對他人有刻板印象、盲目的差別對待等行爲，卻不自知，就可能構成「微歧視」。

36 **five times as many:** "2021 Unruly Passenger Data," Federal Aviation Administration, March 1, 2022, https://www.faa.gov/data _ research/passengers_cargo/unruly_passengers/.

37 **Murder rates have soared:** Zusha Elinson, "Murders in U.S. Cities Were Near Record Highs in 2021," Wall Street Journal, January 6, 2022, https://www.wsj.com/articles/murders-in-u-s-cities -were-near-record-highs-in-2021–11641499978.

38 美國前總統甘迺迪的兒子，一九九九年墜機身亡，但某些陰謀論者覺得他還在世。

39 指二〇二一年一月六日，時任美國總統唐納．川普的支持者暴力闖入美國國會大廈的騷亂事件。

40 出自莎士比亞的《馬克白》，原文是：人生不過是個人行動的陰影，在（舞）台上高談闊步一個可憐的演員，以後便聽不見他了。形容人生苦短，毫無意義。

41 **"Living amid the ever-rising waste":** Ian Bogost, "People Aren't Meant to Talk This Much," Atlantic, February 16, 2022, https: //www.theatlantic.com/technology/archive/2021/10/fix-facebook -making-it-more-like-google/620456/.

第三章

STFU:

The Power of Keeping Your Mouth Shut in an Endlessly Noisy World

在社交媒體上閉上鳥嘴

我首先要開鍘的標的是臉書，因爲我在臉書上浪費的時間最多，得到的好處卻最少。我的第一步是從手機上移除臉書跟Facebook Messenger這兩個app。這麼一來，如果我還是想看臉書就得用電腦開啟瀏覽器，而那會降低我一時興起就去無腦地亂滑、亂評論的機率。頭一星期，我有戒斷現象。但第一個禮拜後，臉書的app就拿我沒輒了。我並沒有關掉臉書的帳號。每隔幾個月，我會進去瞄一眼，看有沒有誰給我留了言。但僅此而已。我再也沒有貼過任何一篇文，眞心不騙。

下一個輪到的是ＩＧ跟抖音，戒掉ＩＧ不難，跟抖音說掰掰則需要一點意志力，因爲抖音基本上就是手機版的冰毒，其背後是史上最具成癮性的人工智慧演算法。不論是ＩＧ還是抖音，我都只是刪除了手機上的app，然後再次倚靠意志力去度過由戒斷症狀構成的第一個星期。過了一星期，抖音的癮頭就跟戒臉書時一樣，慢慢消散了。

我保留了領英的帳號，因爲領英對我的工作確實有幫助，但我還是下定決心不在上頭發文了。我留在了推特上，因爲推特是挺好的新聞過濾器，不過我只進入「唯讀狀態」，迫使自己閉上嘴巴不去發推文，不去按讚，也不去分享。光是這樣，我點開app的次數就少了很多，因爲只要你不說話，不藉其去滿足你自戀的表演欲，你想要打開推特的動機一下子就小了很多。這樣的發展，大大地說明了我以前是個什麼樣的人，也說明了推特這個app的設計用途，以及那些在推特上發文的主力們在想些什麼。

從作繭自縛的監獄走出來之後，我也順便走出了焦慮。剛開始，與焦慮共處實非易事，但慢慢習慣之後，我便獲得了一種反轉焦慮之輪的能力，將惡性循環變成良性循環。多年來，我在網路上之多話完全不遜於在現實生活中，甚至更勝一籌。我在臉書上照片發個沒完，朋友寫了隻字片語我樣樣都要評論一下。我每天上推特探頭十幾次，且鮮少不順手發篇文章；再不濟，也要到此一遊地評論一下或轉推個什麼再走。我爲推特的討論串起頭，加入虛擬暴民，會一擁而上也曾被簇擁而上。我嘲笑愚蠢的政客，出言不遜，跟人打口水戰。

與推特保持距離，讓我重拾那些曾每天被我浪費在沒營養事物上的寶貴時間，更重要的是，我體會到一種鬆了口氣的感受。推個不停跟說個不停，是系出同源的表兄弟，對人有著伯仲之間的殺傷力。譬如有件事具有非常高、甚至是百分百的可能性，那就是在網路上話多終究會禍從口出，說出一些讓你後悔莫及或成爲日後夢魘的話。然而，多話眞正的禍害莫過於對大腦造成的傷害。你如果想看淸楚社交媒體是如何在干預你的人生，辦法只有一個，就是從中抽身出來，畢竟，旁觀者淸。

多年來，我總覺得有股壓力打從一早睜開眼就催促著我，要我想些機智、有哏的雋語去發表。而今，那股壓力蒸發掉了，說也奇怪，我竟開始覺得自己以前身負那種壓力眞的是件莫名其妙的事，因爲這世界壓根兒就沒屏息以待地想知道我會說些什麼。宇宙並不需要也不想要我的意見。沒有人在乎爲什麼我在推特上閉嘴了，或者應該說根本沒有人注意到。確實，這讓我的自尊心有一點受挫。但這點代價比起我的自尊心以外所感覺到的舒暢感，還是很划得來。

更甚的是，那股輕鬆感讓我得以在現實生活中噤口。不分形式的多話，特別是話癆所表現出的說話成癮，其背後的成因都是來自焦慮，這也是冥想跟各種日常練習會有成效的原因，它們都是用來制伏焦慮的手段。只不過比起冥想什麼的，與社交媒體保持距離恐怕才是最強的絕招。這一招不需要醞釀，它可以藥到病除。我在閉上鳥嘴五法中所設計出的其他練習，你都可以挑三揀四使用。不喜歡靜坐冥想？行。跳過去便是。但與社交媒體拉開距離則沒得選。那是必修。

你無須與社交媒體一刀兩斷，但你絕對必須與之大幅疏遠。具體而言，還是那些老話：要自律、要謹言、要言之有物、要事先計畫、要多聽少說。不要出於習慣開口，不要爲了說而說。要做到這些，在日常生活中已屬困難，在網路上則是難上加難，因爲你在網路上的對手是那些吃了秤砣鐵了心要你多話，要你欲罷不能的科技公司——他們就是要你成爲推特癮者。

儘管如此，你還是得想方設法縮減自己的社交媒體使用量，讓焦慮滾出你的系統。要是你做不到這一點，你就永遠無法閉上鳥嘴。

停不住，不想停——

二〇一三年某天，崔斯坦．哈里斯（Tristan Harris）這名谷歌電腦科學家頓悟到一點：他的公司在幹世界級的壞事，跟臉書、ＩＧ等社交媒體公司所做的一樣。這些公司的產品都在荼毒人類，特別是孩童。而且這些公司都包藏禍心，是有陰謀、有計畫地在這麼做。他們利用了心理學的技巧，讓人對自家的手機程式上癮。基本上，一幫沒有道德觀念的年輕理科人，其中包括不少跟哈里斯一樣是從史丹佛大學畢業的理科人，他們拿人類當白老鼠，而實驗結果往往慘不忍睹。

哈里斯學起了電影《飛越情海》裡的湯姆．克魯斯。他寄出了一份共一百四十一頁投影片的簡報資料批鬥起了自家公司，敦促他在谷歌的同事們更改產品設計，不讓人那麼容易上癮、那麼容易分心、也——用谷歌的術語說就是——不那麼邪惡。此舉一炮而紅。哈里斯從沒沒無聞的電腦工程師，搖身一變成了小有名氣的名人。就連谷歌的共同創辦人兼執行長賴瑞．佩吉（Larry Page）都耳聞了他的行動。

谷歌升了哈里斯的職，還給了他一個新頭銜喚作「設計倫理專員」，一副聽進了諫言準備洗心革面的節奏。哈里斯實在天眞到不行。谷歌壓根兒沒打算降低他們家產品的成癮性。要知道在商言商，谷歌賺的就是讓人對網路成癮的錢。人們花在網路上的時間愈久，使用谷歌的產品愈多愈上癮，他們就愈賺錢。道理就是這麼簡單。

最終，哈里斯受夠了，於是他創辦了一所非營利機構，人道科技中心（Center for

Humane Technology），成爲了與社交媒體產業對抗的十字軍。他指控社交媒體產業在「降低人類的規格」。爲了宣揚理念，他發表演說並前往國會作證。二〇二〇年，他出演了一部Netflix的紀錄片《智能社會：進退兩難》（*The Social Dilemma*），片中，一場針對社交媒體的論戰找來了一群社交平台——臉書、YouTube、Pinterest與推特——的前高層，爲他們過去的罪行懺悔，並於觀眾死命追劇、對社交媒體欲罷不能的疫情封城初期播出。《智能社會：進退兩難》上線第一個月就累積了三千八百萬的觀看人次，成爲Netflix史上超高收視率之一的紀錄片。結果，哈里斯終於成功地將他的訊息傳遞給了全世界。每個人都開始討論起社交媒體的危險。

然後，就沒有然後了。

抖音增加了五億的新用戶。臉書、[1]IG[2]與Snap[3]合計增加了四億。截至二〇二二年初，全球人口耗費了一百億個小時[4]——相當於一百二十萬年——在社交媒體上，天天如此。

沒有人想要戒掉社交媒體，即便他們知道社交媒體有危身心，也知道使用後心情並不會因此變好。這玩意兒就是這麼讓人想甩都甩不掉。一項研究發現，人有四成的時候，會後悔他們點進了社交媒體，因爲他們覺得那全是在浪費時間，另外六成[5]的時候，他們同樣會後悔點進了社交媒體，因爲他們認爲自己至少浪費了一部分時間。但那之後，他們還是會回頭，繼續去浪費時間。卡爾・馬克思（Karl Marx）說，「宗教是大衆的鴉片」；而今，則換成了抖音和ＩＧ。

「香菸的時代過了，社交媒體的時代來臨了。社交媒體才是二十一世紀的毒品。」英國作家賽蒙・西奈克（Simon Sinek）一度如此宣稱。事實上，社交媒體已經展現出更甚於香菸的成癮性。而且，社交媒體業者也愈來愈像「菸草豪門」——兩種業者都在兜售有害身心的商品，都拿年幼的孩子開刀，都在把可能不利於他們的科研證據掩蓋起來。

臉書之屬的公司會刻意讓你在焦慮的迴圈裡打轉，把你變成話匣子。這就是他們賴以維生的商業模式。他們的利潤來自廣告收益，當他們在你面前播送的廣告量愈多，賺到的錢也愈多。這意味著他們需要盡量把你留在他們的網站上，爲此，他們使用了將近一世紀前，由B・F・史金納（B.F. Skinner）這名心理學家所研發出的技巧；史金納發現，他如果間歇性地給予實驗室老鼠獎勵，老鼠就會更加使勁地想要得到好處。

不需要多聰明也能聯想到這招對人類同樣吃得開。賭場的吃角子老虎機運用的就是這個原理。你不會把把都贏，但只要中獎鈴偶爾響一響並伴隨著閃動的燈光，你就會一把接一把地玩下去，直到信用卡刷爆，你只能轉而預支孩子的大學教育基金好繼續玩下去。電玩遊戲會使用「乒」或「叮」一聲，搭配絢麗的彩色影像來達到同樣的目的：他們稱其爲產品中最帶勁的「原汁」。

資工課程會教導學生將能讓人成癮的手法化爲程式碼，編寫進軟體中，並創造出能讓人對app流連忘返的使用者介面。社交媒體豪門將這套手法發揮到淋漓盡致，他們會利用人工智慧演算，針對使用者蒐集數以兆計的資料點，然後將之餵給超級電腦，由超級電腦在電光石火間，從資料點中做篩選。

臉書正著手打造全世界最強大的超級電腦。該公司營運中的資料中心共有十八台，占地四千萬平方英尺：想像一下，那景象大概是兩百間沃爾瑪大賣場從地板到天花板，全架了滿滿的電腦。那顆造價數十億美元的數位大腦，會滴水不漏地追蹤你的一舉一動：你每一次滑過的螢幕，每一次敲下的鍵盤，每一個按下的讚、每一則評論與分享，外加你每一次停下來瀏覽的頁面，讀了哪些貼文跟留言、一共停留了多少（毫）秒，電腦都會詳實地記錄下來。抖音手裡掌握了一項足以讓臉書的超級電腦相形失色的人工智慧，那些機器比你還了解你自己，它們的終極目標就是留住你，或至少讓你無法不眷戀回訪。

這就是何以電腦會鉅細靡遺地記錄下關於你一切，而且app會「乒」地一聲發通知給你。有時候你拿起手機，上面什麼都沒有，但偶爾，你會發現上面有通知；這就是間歇性的獎勵，它會讓你像史金納實驗室裡的白老鼠一樣，再三地回頭。有一項研究發現，人一天會檢查手機三百四十四次[6]——每四分鐘一次。

失控的怒火

要讓你跟app保持不間斷的關係，最好的辦法就是讓你開口說話——讓你在閱讀各種進來的資訊外，也能主動去貼文、發推特、分享文章、按讚、評論。而要讓你開口最有效的方式就是激怒你，讓你激動起來。網路公司的數位大腦會推斷出你的雷在哪兒，再利用餵給你的內容去踩你的雷。

打算快速衝高追蹤人數與按讚數的使用者同樣會發現，但凡他們貼出帶有憤怒或激情的評論，就可以斬獲更多的獎勵——分享、評論、讚——因此，他們會食髓知味地繼續這麼做。時間久了，他們的推特會愈發憤怒與偏激，一整個義憤填膺，這是耶魯學者篩選了七千名推特用戶的一百二十萬則推文後，得到的結論。「社交媒體給予的獎勵，創造了積極反饋的循環，使得怒火愈燒愈旺。」主持耶魯這項研究的神經科學家莫莉·克拉凱特（Molly Crockett）說。更重要的是耶魯的科學家還發現，這些人會開始更加頻繁地發文，進而就此變成多話者，在虛擬世界裡四處找碴、到處引戰。

網路上的怒火會倒灌到你的現實生活中。學者發現在網路上呲牙裂嘴的人，在現實私生活裡會更加怒氣沖沖。你在網路上體驗到的怒氣，7 會在你下線後繼續跟著你。8

多巴胺與憂鬱症——

社交媒體成癮還會以另外一種方式造就我們的多話：讓我們焦慮。你在社交媒體上獲得的那些小小的好康跟獎勵，會促使身體分泌一波波的多巴胺，那是人腦中的一種神經傳導物質，也是一種會讓人感覺良好的化學物質。但多巴胺也會讓你處於坐雲霄飛車的狀態。每當你的大腦產生多巴胺時，它同時也會透過關閉你的一些多巴胺受體來讓事情趨於平穩，恢復平衡——用痛覺去抵銷爽感。此為史丹佛大學精神科醫師安娜・蘭布克（Anna Lembke），亦即《多巴胺國度：在縱慾年代找到身心平衡》作者的說法。[9]

隨著多巴胺濃度下降，你會崩潰，你會想要再感受一遍。因而你會重返ＩＧ尋求快感。最終，多巴胺將無法再讓你嗨起來，取而代之的是，你會需要多巴胺才能感覺正常。一旦你體驗不到多巴胺，戒斷現象就會出現，與吸食海洛英的毒蟲沒什麼兩樣。所以你會頻頻回到網路的懷抱。但同時，這種循環也會讓你陷入焦慮和憂鬱——

這兩者，恰恰是多話的主要原因。

你愈受到矚目，就愈想獲得更多關注。這會形成一個無底洞。畢竟，有誰不想從寂寥絕望的生活中被提攜到聚光燈下呢？即便是特斯拉電動車的老闆伊隆．馬斯克，他雖已身為世界首富、媒體寵兒，也不會嫌找上門的關注太多。在推特上所受到的吹捧讓他成癮之餘，馬斯克開始在推特上貼廢文、欺負人，就為了表演給他超過九千萬人的追隨者看。

對關注的飢渴，反映的是我們內心更深處的需索：人際的連結、認可、接納、人緣、歸屬感。某種程度上，我們在追尋的是愛——朋友的愛、陌生人的愛、甚至是聊天機器人的愛。這些愛，我們可能找得到，也可能找不到，就算找到了，這樣的愛也真假難辨，唯一可以確定的是，在這樣追尋中，我們的舉動完全不出螢幕另一端的電腦科學家預料之外：我們不斷地說，一說再說，說個沒完。

蘭布克醫師曾開出抗憂鬱症的處方給苦於社交媒體成癮的患者，但她後來發現，她可改以另一種做法來達到相同的效果，就是要病患進行「多巴胺齋戒」，要求他們暫且不要接觸任何螢幕，藉此斷絕多巴胺的來源，為時可長達一個月。蘭布克醫師的另外一項建議是，每週撥出一天作爲無螢幕日，在這一天裡，你必須跟各種裝置的螢幕維持「人幕殊途」的狀態。

基本上，她所開給病人的藥方就是一大帖「閉上鳥嘴」。這帖藥可不是用來慢慢調養體質的。「棒呆了。我感覺好到爆。我比以前快樂好多。」我兒子如此形容他去哥斯大黎加待了兩星期的感覺，期間，他們必須交出手機並互相交談。每個人都覺得這主意很棒，也都非常開心，並在極其合群的狀態下，度過了非常愉悅的時光。然而，等他們來到機場準備返家、取回手機之後，一切都變了樣。才剛花了兩星期培養出緊密友誼的孩子們，瞬間又縮回了各自的殼內，「所有人都故態復萌。我們又焦躁不安了起來。」我兒子說。

違反自然，再次孤單——

除了焦慮與憂鬱外，重度的社交媒體用量還會導致一種孤立與寂寞的感受。[10]這點其實很諷刺，因爲社交媒體的初衷是要把人聚攏起來，讓我們得以建立起人際關係。但事實證明，社交媒體其實不是那麼社交。「在一起孤獨」是麻省理工學院科學家雪莉・特克（Sherry Turkle）對此現象所下的定義。我們時時刻刻保持著聯繫管道，始終卻也只能自己陪伴自己。特克擔心我們正在摧毀我們的同理心以及和他人進行眞實對話的能力，並建議我們創造一個所謂的「神聖空間」，一個必須收起手機、與人進行面對面交談的空間。她說，光是把手機擱在桌子上，就會壓縮人與人之間的交流。

我們已知有意義的對話對人的情緒和生理健康至關重要。但在一項研究中，有近半數的人表示，線上交談干擾了他們在現實生活中進行深刻的對話。「事實已然證明，這是擋在我們與傳統『深度與意義』之間的一道障礙，導致我們無法直搗重要議題的根柢。」艾瑪・沃克（Emma Walker）如此說。[11]這項研究乃出自她所服務的英國壽險經紀公司「人生搜尋」（Lifesearch）之手。

另外一項研究發現，七成的女性認爲科技工具會偸走她們的時間，[12]讓她們沒有餘裕去進行眞正的對話，同時，這些工具也會干擾她們的人際關係。一項二〇二一年的調查研究顯示，IG對於戀愛關係會產生負面效應，造成「衝突與負面結果的增加」。近六成的人指出，社交媒體損害了他們的親情與友誼，這是二〇二一年另外一份調查得到的結果。

要與人進行有意義的對話，其中很大的一部分就是要能夠去傾聽，但「社交媒體已經教會了我們要多說少聽。」喬治華盛頓大學網路與國土安全中心的資深研究員卡列夫・利塔盧（Kalev Leetaru）如此表示，「社交媒體沒能做到它對人類的承諾中，最重要的那部分：將我們團結在一起。網際網路沒能讓我們聚在一座全球市民廣場上進行對話，反倒是讓我們淪爲競技場中的神鬼戰士，相互拿著大聲公比誰的嗓門更大、誰更毒舌。」社交媒體帶出了我們內心的自戀：學者表示，人在現實對話中，有六成的時間在談論自己，但在臉書與推特上，則是八成。

硬核反社群主義者會說這個問題只有一個解決方法，就是釜底抽薪，讓社交媒體在生活中徹底歸零。電腦科學家傑容・藍尼爾（Jaron Lanier）則在他所著的《十個你該立即刪除社交媒體帳號的理由（暫譯）》（*Ten Arguments for Deleting Your Social Media Accounts Right Now*）一書中主張：社交媒體根本沒有所謂安全的使用法。但我們大多數人做不到這麼極端，也不用做到這麼誇張，一竿子打翻一船人只會讓我們犧牲掉社交媒體能帶來的好處，而那些好處其實還不少。用戶可以在社交媒體上結交朋友、保持聯絡、分享故事與相互支持。部分研究發現，IG會傷害青少女，但也有研究指出，逾八成的青少年認爲社交媒體讓他們感覺與朋友間的連結更緊密，近七成說社交媒體平台上的人在他們遇到困難與挑戰時，扶持過他們。

控訴社交媒體傷害了現實人際關係的研究固然多，但感謝社交媒體幫助人們與親友維持關係、甚至改善關係並拉近距離的研究也不在少數。[13]這種好壞參半、亦正亦邪的狀態，使得要找到平衡點判斷何時該閉嘴，變得難上加難。

我有過的，一點遺憾——

應該在社交媒體上噤聲不語一個最顯而易見的理由，就是遲早你會口無遮攔地禍從口出，須知一句話就可以讓你惹上大麻煩或讓你看起來像個笨蛋。

二〇二二年六月，《華盛頓郵報》的一眾記者因爲一個不小心，在推特上出了包，讓自己跟報社成了跳梁小丑。記者大衛．維格（David Weigel）轉推了一則性別歧視的笑話後，刪掉了推文，並表達了歉意。然而，他的同事菲莉西雅．宋梅茲（Felicia Sonmez）認爲事情不能就這樣算了，她要求報社採取行動。《華盛頓郵報》於是停了維格的職。但事件並未就此告一段落，殺紅眼的爭端兩造，仍持續你來我往，焦慮之輪被升級爲焦慮龍捲風。接著，事態又進一步升高，另一名郵報的記者在推特上發文指出宋梅茲不應該動員網路霸凌同事。《華盛頓郵報》的總編輯發了一封致全體同仁的內部電子郵件（想當然耳會被洩漏到推特上），當中寫道，「你們兩個幼稚鬼別再吵了！」於是，郵報員工開始在推特上洗白，紛紛明志說他們有多愛這家報社。宋梅茲則繼續追著《華盛頓郵報》猛打——結果遭到開除。所有涉及此事件的人一個個窘到不行，而《華盛頓郵報》看起來則像是一家失控的幼稚園。世界各地的群眾翹著二郎腿，如《仲夏夜之夢》裡的調皮精靈帕克般，欣賞著這群凡人的搞笑演出。「《華盛頓郵報》這些人到底幾歲啊？」一位名嘴看得可樂了。

在這齣鬧劇裡，所有人都是輸家——唯一的贏家是推特，他們靠這場情緒風暴噱翻了。所以這裡我們來做一個思考練習。想像一下，推特不存在，這些人必須靠自己私下去化解糾紛。那樣做，對他們所有人、對我們所有人，難道不會比較好嗎？正如宋梅茲所發現的那樣，推特的問題在於你距離被開除永遠只有二百八十個字元的距離（推特每篇貼文的字數上限）。你在推特上發文愈多，愈有可能用幾句話葬送了自己的職業生涯。過半數的美國人表示曾在社交媒體上貼過讓他們後悔的圖文，同時有百分之十六（六分之一）的人坦承，他們至少每週會爲一篇貼文感到後悔，此數據採自一份由民調機構 YouGov America[14]所進行的調查。

「我一按下分享就後悔了」是卡內基梅隆大學學者於二〇一一年爲一份研究報告所下的標題。該研究挖掘出很多人在臉書上搞砸自己生活的驚人故事，包括有些人在一氣之下或一時失手，貼出了不該張貼的內容，例如有位女性想分享的是她寶寶跨出人生第一步的影片，結果不小心一併上傳了她跟老公行房的畫面，而且足足等到隔天才發現，那時候，她早已收到了數十封來自她老公同事的鹹濕評論。[15]

紐約大學醫學院的一項調查如此發現，超過三分之一的年輕人曾邊嗨邊在社交媒體上張貼東西，其中兩成的人說他們對貼上去的東西感到後悔。[16]學者表示，在嗨的狀況下貼東西，就跟喝醉了打電話意思差不多，差別只在於打電話只有話筒另一端的那個人會笑你，上網貼的東西則會讓你被全世界的人恥笑。另外一個差別是電話是一時的，網路卻是一世的。你呼麻的照片可能在事隔多年後跳出來，給正在應徵工作的你添麻煩。

彼得．薩戈爾（Peter Sagal），美國公共廣播電台（National Public Radio）遊戲節目《等等……別告訴我！》（*Wait Wait ... Don't Tell Me!*）的主持人曾在推特上發表過一張規則清單，其中第一條就是：「你將會且已經對很多發過的推文感到後悔，但你永遠不會後悔沒有發推特文。」

諷刺的是，他這話正好寫在了推特上。不過，他說的也沒錯，是個好建議。

不動的腦子，是惡魔的工坊——

我們大多數人都曾在某些時候以某種方式，嘗試過減少逗留在社交媒體上的時間，但我們大多數人也都無功而返。社交媒體的用量在二〇二〇年的疫情封城鎖國期間，呈現了增加的態勢，這點算是在情理之中，而且也不見得是件壞事。社交媒體在封城當下成了救生索，讓人們可以在無法見面時保持聯繫，並藉由隔空聯繫，減少了孤單與焦慮。但我們仍需要控制好自己的社交媒體用量，特別是要避免爲了用而用，用習慣了就繼續用。就像說話一樣，社交媒體上的噤嘴大法萬變不離其宗，就是做事情要有目的性。

而要愛惜生命遠離社交媒體最好的辦法，或許就是去找點別的事來忙；說這話的是卡爾．紐波特（Cal Newport），喬治城大學資訊科技教授暨《深度數位大掃除：3分飽連線方案，在喧囂世界過專注人生》（*Digital Minimalism: Choosing a Focused Life in a Noisy World*）作者。下定決心並倚靠意志力並不是問題的答案，他說。紐波特的建議是進行爲期一個月的「數位排毒」，期間，你要棄絕所有非絕對必要的數位科技。排完毒，你就可以恢復使用，但要慢慢地、按部就班地恢復，保持對社交媒體的少量使用——也就是要成爲一名「數位極簡主義者」。

要停止對抖音跟ＩＧ懶驢打滾式的無腦使用，最好的辦法就是用正事讓自己保持忙碌，紐波特說。他這人說到做到。紐波特截至目前共出版了八本著作，前三本成書於他在麻省理工攻讀博士期間。現年三十九歲的他，[17]是喬治城大學的全職任教終身職教授，在大學部與研究所都有開課，此外，他也做研究，並發表學術論文。他錄製的podcast節目已經有一百九十八集，有空還會受邀去演說。

他唯一沒有的，就是社交媒體帳號。

如何削減你的社交媒體用量

你可能還不能接受數位排毒一個月這麼久，但若有心想多少限制一下自己的社交媒體用量，你還是可以採取一些步驟：

- **進行盤點**。多數人都不認爲自己使用社交媒體過度，那只可能是我們太樂觀了。你算過自己有多少個社交媒體app嗎？你一個星期花多少個鐘頭在每一個

app上呢？哪些你用得最多？哪些你用得最沉迷？哪些你覺得最廢？做這樣的一番盤點後，可以有助於你綜觀大局，認清自己浪費了多少時間，進而因爲驚嚇下定決心動起來。

- **刪除手機裡的app。**強迫自己只在電腦的瀏覽器上使用社交媒體。這樣，你就沒辦法一抓起手機就開始習慣性地拿社交媒體當零嘴。
- **解除安裝再重新安裝。**尼梅什．帕特爾（Nimesh Patel）是一名喜劇演員，曾任《週六夜現場》的編劇。他限制自己使用IG的辦法是：「我早上會看一次，然後把程式刪掉。晚上我會再看一次，然後把程式再刪掉一次。」[18]
- **爽用，但設好底線。**亞瑟．C．布魯克斯（Arthur C. Brooks）是哈佛甘迺迪學院的教授，他建議每天安排一定量的時間去全心使用社交媒體，但其他時間就別讓自己妄動。關鍵在於當你使用社交媒體時，你要進入「用正念滑手機」的狀態，意思是你要完全專注在你正在做的事情上，「那幾分鐘的你，必須全神貫注地滑手機，就像你是領薪在做這件事一樣。」布魯克斯建議。
- **排定每週一次的「數位長假」。**一週選擇固定一天與社交媒體各奔東西。可能的話，連手機等各類電子裝置都別用了。

- **「拋棄」你的手機。**地點是重點。把手機扔在你平常沒在使用的房間，然後將之設定爲靜音。讓手機遠離你的行動半徑，睡前也比照辦理。別把手機放在床頭櫃上，最低標是把手機放在房間最遠的一隅。
- **以app制app。**如果你擠不出意志力控制社交媒體的使用——這對我們大部分人而言都算苛求——那就去下載能在特定期間禁止你使用app的app。這類app中，最爲人熟知的就是Freedom（自由）。Freedom有電腦版也有手機版，年費是四十美元，包括蘋果、谷歌、微軟的員工裡，以及哈佛、麻省理工與史丹佛大學的學者中，都有其忠誠的用户。另外一款同類軟體叫作One Sec（等一下），它會刻意讓社交媒體app的載入變慢，並在開啟前再問你一次：你眞的要登入嗎？One Sec的設計者說，這款小程式戒除了他的社交媒體成癮，讓他變得更有生產力，而且連焦慮跟憂鬱的老毛病也都改善了。他告訴我，「歸根結柢，這是有關心理健康的問題。」
- **買支智障手機。**這應該是最簡單粗暴的一招了。不過，你倒是眞的可以嘗試換掉自己的智慧型手機，改用跑不了app的機型。或者你可以買支智障手機作爲備用機，偶爾讓它陪你出巡，藉此刻意與app保持距離。

- **用智慧手錶取代智慧型手機**。與用智障手機同理，你也可以買支可以通話的蘋果手錶（或同類競品）來當作你的電話。當然，某些社交媒體也有智慧手錶版的應用程式，但使用體驗評價很差，所以你肯定不會受其吸引。
- **關掉通知**。那些乒一聲、嗡嗡嗡一下，還有跳出到螢幕上的隻字片語，都是設計來吸引你的注意力把你拉回小程式裡。除非你的工作需要你隨時待機才不會錯過重要的客户，或是出於某種理由你斷不能與某個app失聯——否則就擺脱通知吧。
- **灰階**。把手機顯示改成灰階，讓你的螢幕失去色彩，也讓你所有的app體驗都變成像在觀看黑白電視。我們的大腦天生渴望閃亮亮的物體與明亮的色彩。不然，你以爲app的開發者爲什麼要使用這些亮彩元素。介面設計師測試了成千上萬的配色來確認哪些才是最有成癮性的組合。灰階螢幕可以讓這些設計師白做工。

- **調為「唯讀」模式。**強迫自己不貼文、不推文、不分享、不按讚；這需要一點自律才做得到。然而，你會發現，只要少了主動發文的參與感，你會驚訝於一個 app 對你的號召力會「跌跌」不休到什麼程度。
- **問一聲「所為何來」。**當你打算在推特上開口之前，請你問自己一句，「我是為了什麼而推文？你有什麼獨門高見要發表嗎？你的意見可以使得推特上某個議題的討論更具深度嗎？你問問題，是眞的在請益網友，是眞心希望得知某項情報嗎？你貼文的意義究竟爲何？你希望透過貼文達成什麼目標？貼文於你的好處是什麼？我的經驗是，我從來沒有能針對「爲何而推」講出一套能自圓其說的道理。同時，我愈是能在社交媒體上緊閉嘴巴，出了社交媒體，我也一樣能更加剛毅木訥。

1 **Facebook**: "Facebook: Daily Active Users Worldwide 2022," Statista, https: //www.statista.com/statistics/346167/facebook-global-dau/#:~:text =Facebook%20audience%20reach &text=The% 20number%20of%20monthly%20active, from%2067.4%20percent%20in%202020.

2 **Instagram**: "Instagram Users Worldwide 2025," Statista, https://www.statista.com/statistics/183585/instagram-number-of-global-users/.51

3 **Snapchat**: "Snap Inc. Announces Fourth Quarter and Full Year 2021 Financial Results," Snap Inc., n.d., https: //investor.snap.com/news/news-details/2022/Snap-Inc.-Announces-Fourth-Quarter-and-Full-Year-2021-Financial-Results/default.aspx.

4 **10 billion hours**: "Global Social Media Stats," DataReportal, https: //datareportal.com/social-media-users.

5 **60 percent of the time**: "CMU Researcher Seeks to Understand the Regret Behind Social Media," Human-Computer Interaction Institute, n.d., https: //www.hcii.cmu.edu/news/2021/cmu-researcher-seeks-understand-regret-behind-social-media#:~:text =At%20the%20end%20of%20the,in%20nearly%2040%25%20of%20sessions.

6 **344 times a day**: Trevor Wheelwright, "2022 Cell Phone Usage Statistics: How Obsessed Are We?," Reviews, January 24, 2022, https: //www.reviews.org/mobile/cell-phone-addiction/#:~:text=using%20our%20phones%3F -,On%20average%2C%20Americans%20check%20their%20phones%20344%20times%20per%20day,10%20minutes%20of%20waking%20up.

7 **anger you experience online**: "Are Online Rants Good for Your Health?" Healthline, November 21, 2017, https: //www.healthline.com/health-news/are-online-rants-good-for-your-health#Anger-is-the-real-problem.

8 **angrier in their personal lives**: Ryan C. Martin et al., "Anger on the Internet: The Perceived Value of Rant-Sites," *Cyberpsychology, Behavior, and Social Networking* 16, no. 2 (2013): https://www.liebertpub.com/doi/10.1089/cyber.2012.0130.

9 **Each time your brain produces dopamine**: Anna Lembke, "Digital Addictions Are Drowning Us in Dopamine," *Wall Street Journal*, August 13, 2021, https://www.wsj.com/articles/digital-addictions-are-drowning-us-in-dopamine-11628861572.

10 **causes a sense of isolation**: Katherine Hobson, "Feeling Lonely? Too Much Time on Social Media May Be Why," NPR, March 6, 2017, https: //www.npr.org/sections/health-shots/2017/03/06/518362255/feeling-lonely-too-much-time-on-social-media-may-be-why.

11 **According to Emma Walker**: Bonnie Evie Gifford, "Our Digital Lives Are Overtaking Our Real-Life Interactions," *Happiful*, December 19, 2019, https: //happiful.com/digital-conversations-overtake-real-life-interactions/.57

12 **70 percent of women**: "Technoference: How Technology Can Hurt Relationships," Institute for Family Studies, n.d., https://ifstudies.org/blog/technoference-how-technology-can-hurt-relationships#:~:text =62%25%20said%20technology%20interferes%20with,the%20middle%20of%20a%20conversation.

13 **might even improve relationships**: M. E. Morris, "Enhancing Relationships Through Technology: Directions in Parenting, Caregiving, Romantic Partnerships, and Clinical Practice," *Dialogues in Clinical Neuroscience* 22, no. 2 (2020): 151–60, https://doi.org/10.31887/dcns.2020.22.2/mmorris.

14 **YouGov America survey**: Jake Gammon, "Social Media Blunders Cause More Damage to Important Relationships Today Than Two Years Ago," YouGovAmerica, July 22, 2015, https: //today.yougov.com/topics/lifestyle/articles-reports/2015/07/22/social-media-blunders-cause-more-damage-important-.

15 **she found comments from**: Yang Wang et al., "I Regretted the Minute I Pressed Share: A Qualitative Study of Regrets on Facebook," Carnegie Mellon University, n.d., https: //cups.cs.cmu.edu/soups/2011/proceedings/a10Wang.pdf.

16 **posted something they later regretted**: "Many Young Americans Regret Online Posts Made While High," MedicineNet, August 7, 2019, https: //www.medicinenet.com/script/main/art.asp?articlekey=223426.

17 **The thirty-nine-year-old**: "Calvin Newport—Georgetown University," n.d., https: //people.cs.georgetown.edu/~cnewport /.62

18 **limits his Instagram use**: "Comedian on Being Kicked Off Stage," YouTube, December 19, 2019, https: //www.youtube.com/watch?v=3n9CsdcLP4g.

第四章

STFU:

The Power of Keeping Your Mouth Shut in an Endlessly Noisy World

各種「男男自語」：說教、插嘴、長篇大論

男人是多話界的王者——包括他們很擅長「蓋台」，也就是用音量壓制正在說話的人。我們多起話來簡直是神擋殺神，佛擋殺佛。我們會巴著講台不放。我們有各式各樣的「男男自語」：說教、插嘴、長篇大論，樣樣都來。在我家，我的長篇大論有個專有名詞：丹丹體。而我修習閉上鳥嘴就是爲了讓丹丹體絕跡。

有些男人很沒禮貌，在職場上會變本加厲，他們沒禮貌到卽便在成就極高、權力極大的女性，像是美國的大法官或企業科技長面前，一樣不懂得收斂。我親眼見過我妻子在提交會議論文後的問答環節被一個傢伙霸凌。他蓋她的台，插她的話，不讓她有機會開口，幾乎是在對著她大吼。事後，我跟我太太說起我的憤慨，她告訴我，「你知道嗎？這對女性來說是家常便飯。」

平日裡，大部分男性通常不會像糾纏我太太的那個傢伙一樣凶神惡煞。然而，他們會蓋女性的台卻是不爭的事實，而且往往毫無自覺。一項調查發現，職業婦女每週會被愛說教的男性教訓六次，一年超過三百次。近三分之二的女性認爲男性根本沒有自己在說教的自覺。五分之二的女性則曾被男性當著面說：妳們太強勢了！

男性多話之頻繁眞的已經沒什麼好大驚小怪了。事實上，男性不多話還比較稀奇。下次你身處一群男女中時，不妨坐下來觀察一下，數看看有多少人插話，再看看是誰插了誰的話。注意一下男性有多常明明不是專家，卻硬要打腫臉充胖子，還有多少男性會拿著他剛剛在《紐約時報》或《大西洋月刊》上看到的內容現學現賣，慷慨激昂地發表起演說。舉凡只要看到過一次，你一輩子都忘不了。

你能忘掉，那很好，但更好的是不要學。不要學對你是有好處的。如果你是男性，而且是個想當好老公、好爸爸、好同事，想在職場上更上層樓，想在其他男性間脫穎而出，那就請你執行閉上鳥嘴五法。如果妳是女性，甚至還是個女孩，作者索拉雅·切梅利（Soraya Chemaly）的建議是，妳要天天練習說下面這幾句話：「不要打斷我」、「這我剛才說過了」、「不用解釋這麼多」。

長舌婦的迷思

怪的是明明男性的話多很多，但有史以來，被封為話匣子或長舌婦的通常都是女性，而且這種刻板印象還怎麼甩都甩不掉。二〇〇六年，神經精神學者露安・布哲婷（Louann Brizendine）間接地證實了這種刻板印象。她在她的暢銷書《女性的大腦很那個……》（*The Female Brain*）裡說，女性每天說出口的字約是兩萬個，而男性平均則是七千。顯然，她的資料來源出自暢銷作家與肢體語言專家亞倫・皮斯（Allan Pease）的勵志書《爲什麼男人不聽，女人不看地圖》（*Why Men Don't Listen and Women Can't Read Maps*），[1] 問題是（a）皮斯計算的是臉部表情與手勢等「溝通事件」，而不是口語字句，再者（b）皮斯的數據來源也不是很明晰。布哲婷的說法明顯經不起推敲。試想，女性的話是男性的近三倍？這可能嗎？但媒體顯然很買單：刻板印象是眞的！科學說話了！

布哲婷在受訪時被問到她是否只是拿著陳腔濫調在回收利用，她的答覆是：「一句話會被傳下來，就代表當中肯定有一些眞理，否則，它就沒有機會成爲陳腔濫調。我所談的是生物學基礎，但建立在那基礎上的，是我們都很熟悉的行爲。」

只不過，她所謂生物學基礎的那些數據，其實是錯的。德州大學奧斯汀分校的學者設計了一場實驗試圖驗證布哲婷的說法，結果，學者發現，女性跟男性的日均說話量都在一萬六千字上下——而且，排名前三多話的受試者都是男性。布哲婷並沒有要騙人，她只是錯在立基點上並磊落地承認了錯誤。她於再版書中移除了那些有問題的數據。但那些數字已經被幾百篇文章所引用，你要知道，網路是不朽的。至今肯定還有很多人相信那些數據，並引用那些數據。

布哲婷的失誤提出了一個有趣的問題。爲什麼那些錯誤的數字會引發根深蒂固的迴響？爲什麼那麼多人在感性上認同那些數據，對那些數據反應那麼大——而且那些反應還不分男性與女性？這個案例其實說明了何謂「大謊言理論」（又稱戈培爾理論，戈培爾是二戰時期納粹德國的宣傳部長），其內涵是：一件事只要說得夠多次，說得時間夠久，人們就會相信。

刻板印象是跨文化現象。有句英文古諺，「女性的舌頭就像綿羊的尾巴——永遠停不下來」；日本有句話是，「哪裡有女性跟鵝，哪裡就安靜不下來」；中國人則是這麼說的，「舌頭是女子的利劍，而她永遠不會讓這把劍生鏽」。莎士比亞的劇作裡有著五花八門的描寫，女性在當中不是悍妻就是潑婦。「無稽之談」的英文說法之一是old wives' tales，最初指的是那些出自老婦人之口，不眞實或不道德的故事。「閒話

／八卦」的英文gossip，其字源是古英文裡的godsibb，最早的意思是教父或教母，但到了一五〇〇年代，它的字義已演變成「由女性散布的惡毒毀謗和謠言」。再往回推你會發現，使徒聖保羅形容寡婦是「遊手好閒，挨家挨戶閒逛，更甚者，還會散播謠言或多管閒事，說些她們不該說的話之人」。

在中世紀，女性會被判處「唇舌之罪」，爲此，她們會在城鎮廣場上被遊街示衆，被浸入河中，被迫穿上「毒舌轡索」，也就是一種戴在頭上的鐵籠，重點是，籠子上有轡繩會往下壓住舌頭讓人無法開口。在英國，毒舌轡索直到一九〇〇年代初期才被廢除。

有些男性仍堅信女性話比較多。二〇二一年有個實例，時年八十三歲的前日本首相森喜朗（Yoshiro Mori），當時身任東京奧運組織委員會的主席。在被問到委員會中的女性成員似乎不夠多時，他回說是爲了避免會議拖太久，因爲女人話多。二〇一七年，七十五歲的私募基金投資人兼Uber董事會成員大衛・邦德曼（David Bonderman）宣稱，增加女性董事很可能會「讓會議變得囉嗦」。

事實的眞相恰好截然相反：在大部分的情況下，特別是在專業的場合中，話幾乎都是男性在講。

男人愛插嘴

二〇一四年，琦蘭．史奈德（Kieran Snyder）這位科技公司高層做了一項實驗。在長達十五個小時的會議過程中，她一看到有人插嘴就會立刻記下一筆，結果頂著語言學博士光環的史奈德總共記下三百一十四筆，而三分之二打斷發言者的人是男性——只有大約三分之一的人是被女性打斷。更耐人尋味的是，在被男性打斷的發言者當中，有七成是女性。如果你覺得這個比例已經很誇張了的話，那我要告訴你，當天出席的只有四成是女性。與此同時，當打斷別人說話的是女性時，這些女性打斷的幾乎（百分之八十九）都是其他女性，而非男性。史奈德的結論是：「女性一開口就很容易被打斷。」她在自由派的網路雜誌《石板》（*Slate*）上這麼寫道。她的女性熟人中，沒有任何一個被她的發現給嚇到，「身處科技產業中的女性幾乎都是這麼回答，

『本來嘛，不然呢。』」她說。

史奈德建議的解決之道不是讓男性閉上鳥嘴，而是要女性在打斷別人時，態度更加強勢，特別是要學會怎麼打斷男性。在標題爲「如何在科技業界出人頭地：打斷男性」的實驗論文中，史奈德的結論是，「實驗結果顯示，女性如果不學著去打斷人，那她們的職涯就會在某個點上遇到瓶頸，至少，在這個由男性主導的科技業環境中，她們必須學會這件事。」

男性大學生的發言量是女大生的一．六倍，達特茅斯學院的社會學者珍妮絲．麥卡貝（Janice McCabe）在二〇二〇年做出了這樣的調查結果。而且男大生更常不舉手就逕自發言，更常打斷人，也更常一開口就滔滔不絕。這種男女失衡在某種場合中更加明顯，那就是由教授與研究生共同參與的學術座談會，席間，男性發言的量是女性的兩倍；德州的萊斯大學在二〇一七年的一項研究中得出了這樣的結果。在小學階段，男童的說話量是女童的三倍，但老師還是認爲女生話多。根據澳洲女性主義學者戴爾．史賓瑟（Dale Spender）的說法，男性在被問到如何看待在事務討論中兩性發言時間的均等量時，他們認爲，當女性的發言時間占到一五％時，他們會感到兩性是均等的，而一旦女性的發言時間達到三〇％，他們就會感覺這次的會議討論是由女性在主導。一名男性理科教師在建立起一個男女童發言幾近平等的平衡狀態後表示，他認爲女生占了九成的說話時間。史賓瑟有一句名言：「女性話多話少的比較基準不是男性，而是徹底的安靜。評斷女生多話的標準不是她們的話是否比男生多，而是她們的話是否比沉默的女性多。」

史丹佛大學的一項研究比較了兩個男人之間、兩個女人之間，還有一男一女之間的一段雙人對話。在同性的對話中，有人發言被打斷的次數都是七次。在一男一女的對話中，有人被打斷的次數是四十八次，[2]其中四十六次都是男性打斷女性。喬治華盛頓大學的學者[3]發現，男性打斷女性的次數比起他們打斷其他男性的次數，前者要比後者高出百分之三十三。西北大學普利茲克法學院（Pritzker School of Law）[4]的多位教授研究了美國最高法院的會議發言稿，結果發現，女性大法官比起男性大法官，前者被打斷的機率是後者的三倍，且女性大法官還特別不會去打斷別人。概觀所有發言被打斷的事件中，只有百分之四是女性所爲，但在同樣這些事件中，發言被打斷的苦主卻有百分之六十六是女性。

在第一任的歐巴馬政府中，女性幕僚的人數遠少於男性，且比例是懸殊的一比二。她們發現自己的評論與建議常遭到漠視——只有在事隔幾週由男性幕僚重新提出時，才有人將之當回事，但此時功勞也被男性搶走了。女性幕僚爲了反擊，想出了一個她們稱之爲「放大聲量」的策略，具體而言，就是每當有女性提出意見，在場的女性同胞就會跳出來附和且一致強調誰才是第一個開口的人。這麼一來，男性幕僚就比較沒辦法拾女人之牙慧搶她們的功勞。時間久了，歐巴馬終於注意到她們在玩什麼把戲，並開始在會議中多點名女性幕僚發言。[5]

男性為什麼愛說教——

其中一個問題是男性所受的社會化導致他們會有這樣的行爲，而且他們已經被潛移默化到對此不知不覺；此爲喬治城大學的語言學教授黛博拉・譚能（Deborah Tannen）的說法。男性所受的訓練是要凸顯自己，要透過言談競逐力量跟氣勢。他們開口是爲了取得地位，而女人開口是爲了人際連結。雖說這兩句聽起來也像是某種刻板印象，至少描述女人的那部分頗像，不過有學者認證，這對於男人的形容大概八九不離十。男性之所以愛說教，其背後的原因跟男性坐下來習慣腿開開一樣，都是爲了占據更多空間，彰顯自身的霸氣。

這種養成從小就開始了，所以小男生還小時就會開始注重地位，會一下子就在團體裡建立起尊卑的排序，還會在誰高誰一等上互別苗頭。至於女生則會嘗試建立起情誼；譚能如是說。成年之後，男性會使用言談去展現出自己的能力或知識。在職場上，女性提到「我們」的地方，男性會用「我」表示。「比起男性，女性比較沒有上述的養成，所以也比較不懂得如何去自吹自擂。」譚能在《哈佛商業評論》中寫道。

在一次實驗中，新進的大學生被要求預測他們在未來的一學年會拿到什麼樣的成績。如果要求把寫下的答案裝進信封裡，女性的自我預測就會比較高分，如果寫完答案必須向研究人員公開宣讀時，她們的自我預測就會低一些。男性則無論放進信封或當衆說出來，他們的自我預測都不會改變——他們會毫不猶豫地展現過度的自信。

譚能指出關於男性不想停下來問路的刻板印象確實是有所本；在男性的眼中，問問題就是對他人放下身段、自貶身價的表現。在職場上同理可證，他們害怕在他人面前表現出無知，因爲那樣就輸了。約翰．葛瑞（John Gray）是《男人來自火星，女人來自金星》（*Men Are from Mars, Women Are from Venus*）的作者，他在與十萬名企業幹部進行過訪談後做了分析，結果發現，八成的女性說她們會在自己明明知道答案的狀態下去問問題——而七成二的男性則說女性問題太多了。我的老天鵝呀！

男性聽到有人抱怨時會感覺自己接下了一項挑戰，認爲他們應該要爲抱怨者提供建言或解決方案。最後乾脆發表演說、說起教來了。男性同時也比較傾向於在電話中打斷他人、挑戰他人，勞勃．肯道爾（Rob Kendall）這名研究對話風格的作者兼顧問說。

谷歌前董事長艾瑞克．施密特（Eric Schmidt）在一次大會中參與了一場座談，期間，他不停地打斷與會的唯一一位女性，美國的白宮技術長暨谷歌前高層梅根．史密斯（Megan Smith）。施密特似乎沒意識到自己的行徑，直到在問與答流程，他遭到出掌谷歌全球多元化與人才計畫的女性幹部點名，指出他就是在無意間對女性抱持偏見的經典案例。

男性喜歡打斷女性，就是一種表現在言談中的性別偏見。那可以解讀爲男人認爲自己比女人重要，因此應該獲得更高的地位。那是自大型多話者在認爲他們的意見高人一等，理應獲得更多發言時間的表現。不是說妳不聰明，梅根．史密斯，只不過我比妳聰明多了。

潔西卡．諾戴爾（Jessica Nordell）這位研究職場性別偏見的作家兼顧問說，男性打斷女性無關乎對象的身分地位，只在於妳的性別。跨性別者有其獨特的機會可以觀察到這種偏見的發生。諾戴爾發現，變性後的跨性別男性在發言時比較不會被打斷，而跨性別的女性則恰恰相反。

班．巴里斯（Ben Barres）是史丹佛大學的神經生物學家，他直到一九九七年變性之前，都是以芭芭拉．巴里斯的身分生活在世間。他表示在變成班之後，他得到全然不同的待遇——他說話被人打斷的次數減少了，所做的研究被盛讚的頻率提高了。「不知道我是後天男性的人對我一下子尊重了起來。我竟然可以把一句話好好說完不被男性打斷。」於二〇一七年辭世的巴里斯如此寫道。有一次，他在一場研討會上簡報，某個不知道班．巴里斯就是芭芭拉．巴里斯的聽衆評論說，「班．巴里斯今天的簡報表現太好了，更重要的是，他的研究遠比他姊姊的研究好太多了。」

史丹佛的另一名生物學者瓊．拉夫戈登（Joan Roughgarden）是一位跨性別女性，有著的則是全然相反的體驗——她說她變性後，反而比較不被人當回事，受到的尊重也不如以往。拉夫戈登形容了她是如何被打斷、被大吼，甚至被男性科學家以身體的優勢相逼，一切只因爲他們不認同她的意見，而她的薪資也一路往下掉。相較於班．巴里斯的際遇，拉夫戈登說，「班移民到了主流，而我則移民到了邊緣。」[6]

絕望太早——

男性需要改變——且根據一名專家表示，我輩大多數人是想要改變的，問題在於不清楚具體該怎麼做，我們需要有人指點迷津。關於這點，首先，我們必須體認到男性天生就有喜歡打斷人和蓋別人台的傾向，特別是在面對女性的時候。我們甚至可能正在那樣做，卻對此毫無知覺。而且，我們爲所欲爲地多話跟打斷人還往往不會招致什麼後果，只因爲「社會接受此爲一種常態且自然的現象，男性多話天經地義」，卡內基梅隆大學的教授喬安娜·沃夫（Joanna Wolfe）說道。她鑽研的是男女間相互溝通的模式，並以大學部的工程系學生作爲測試對象。

沃夫告訴我她的一項名爲「正向未來焦點」的策略。這招可以讓女性勇於凸顯自己而不會受到社會性的懲罰。與其表達出怒火或負面感受，女性應該專注在正面的結果上，具體而言，妳應該多說諸如「讓每個人都有不被打斷，好好把話說完的機會，這樣我們這場會議肯定更有效率」之類的話。以表達不滿爲例，沃夫發現最有效果的做法是把重點放在未來而非過去，而且要強調事實而非情緒。

有個亮點是沃夫發現，有部分男性只要意識到自己有多愛打斷女性或蓋女性的台，他們就會開始設法改善自身的溝通技巧。在一次實驗中，沃夫和她同事錄下了各個小組的工程系學生開會的過程，然後一一播放給所有的學生看。其中有個成員爲兩男一女的小組，當小組中的某位男性成員看到錄影後，大爲驚詫於自己跟另外一名男性成員是如何在壓制、打斷、忽視女性同儕的聲音。「他說，『天啊，我不敢相信自己會做出這種事情。我不敢相信我們會這麼粗魯。』」沃夫告訴我，「他很震驚。他目睹了影片中的女性受到多大的排擠。他在她臉上看到了一些他從未見過的表情。」他誓言要改過自新。

如何破除你打斷人的習慣——

閉上鳥嘴的目標在於設法提高與他人的溝通效率。那意味著我們除了要學習不要沒事去打斷別人之外，也要學著以有禮貌的方式中斷別人的話，畢竟，有時候打斷人是有必要的——比如有人在你面前話太多時就需要阻止一下。想學會禮貌地請人住口，我的閉上鳥嘴五法中就有一些很管用的做法。「可以不說話就不說話」與「學習主動傾聽」都是顯而易見的選擇。我這裡再補充兩種可以破除打斷人這習慣的辦法：

- **錄音製作逐字稿。**有了線上會議軟體Zoom之後，事情就容易多了。在一對一的小組會議中，你可以在徵得對方同意後錄影或錄音，在事後觀看重聽，並將音訊傳送給Rev.com之類的服務，請他們替你製作逐字稿。對我來說，白紙黑字擺在面前的衝擊力是最大的。你只消看一眼文字在逐字稿上的表面積，每個人的發言分量便一目了然。如同參與喬安娜．沃夫研究的那位卡內基梅隆大學男學生，你也可能被喜歡打斷人的自己嚇一跳。

- **做筆記。**有些人會去打斷別人的一個常見理由是你從別人的發言中舉一反三，聯想到一個很棒的點子，你擔心不馬上說出來過一會兒就忘記，又或是不打斷對方話題會被拉到別處去，這樣你就沒機會發表高見了。溫馨的專業小提示：與其打斷對方，你可以拿一支筆在手上，把你想到的點子寫下來，之後再繞回來講。溫馨的超專業小提示：有時候，當別人看到你在做筆記，他們自然會停下來問你有沒有話要分享。

走鋼索：抵禦打斷者的來襲

反擊並不如想像中容易，特別是對女性而言。研究顯示，當男性直言某某請不要打斷我時，人們會以讚許的目光看他們，但同一件事換成女性來做，卻可能被人投以白眼。正如前臉書營運長雪柔．桑德伯格（Sheryl Sandberg）所言，「女性在專業場合中發言就像是在走鋼索。要嘛一點聲音都沒有，要嘛被批評太過強勢。」[7]

想要表現堅定又不摔下鋼索還是有辦法的。研究發現，我們若能把話說得更直接一點、多用短句、直視潛在打斷者的眼睛，就能有效降低被打斷的機率。遣詞用字也要注意，多用「我知道」取代「我覺得」或「我認爲」，多用「會」取代「可能會」，並要在一開場就展現出氣勢。西北大學學者針對美國的最高法院研究打斷一事後發現，大部分的打斷事件都發生在某位大法官正要發言時，尤其是某位女性大法官客客氣氣地以「我可以請問一下……」破題時。時間久了，女性大法官也學會必須不客氣一點才能把握住說話的契機。[8]你也可以比照辦理。

這裡有另外五招供你參考：

- **停、等、繼續**。維珍集團創辦人李察・布蘭森（Richard Branson）分享了一個他從維珍銀河（Virgin Galactic）前執行長喬治・懷特賽茲（George Whitesides）身上學到的一招。遇到有人打斷他時，懷特賽茲會在句中暫停，讓對方暢所欲言，然後再精準接回方才的暫停處繼續接著講。這招等同於用沉默譴責對方，而且可以有效地訓練對方不要再打斷他人的話——「身處現場看會覺得是很精彩的高招」，布蘭森在《維珍集團成功之道：關於領導統御你該知道的一切（暫譯）》（*The Virgin Way: Everything I Know About Leadership*）一書中寫道。
- **預期並調節**。如果你是會議的主席，那麼你可以在開會前設定一些場地規範，或者在你發言前，把規矩訂好：「這很重要，所以讓我先約法三章。」要是**那個傢伙**——那個打斷人的累犯——就在現場，這話你可以直視著他說。
- **對打斷者指名道姓**。「副總統，現在是我在說話，」賀錦麗（Kamala Harris）曾直截了當地在一場辯論中如此點名麥克．彭斯（Mike Pence），因爲彭斯不斷在辯論過程中打斷她。她點出了他在做的事情，態度堅定而不失冷靜。那讓她看起來分外有領袖氣質。若是實在想稍微禮貌一點，你可以說：「我還有幾點要分享，您可以稍安勿躁，等我先說完嗎？」或是：「您的回應我很有興趣，但您得先讓我把話說完。」

- **硬是繼續講**。這招比較有難度，但有些人是做得到的。你不用放大嗓門也不用加快語速，你只消繼續往下講便是。這招最適合你想主動出擊時使用，因爲旁人看在眼裡會與你同仇敵愾，甚至可能把你當英雄，因爲你做了他們想做而不敢做的事。

- **私下找打斷者溝通**。這個人可能是某個會打斷你的人或是習慣性打斷每個人的人。在會議中當衆給他難看可能會有反效果，但私下聊聊則可能奏效。打斷者可能根本沒有意識到自己做了什麼，也可能會很感激你點出他的錯誤。不要想著你是在指責他，要想著你是在幫助他。

如何打斷人又不失禮

有時候你不得不打斷人，而你也有辦法可以既打斷人又不失禮。重點就在於你必須讓對方明白你不是「搶匪」，你沒有想把對話「整碗端走」，而且你希望在你補充完之後，對方務必要繼續往下講。

- **請求對方准許。**你可以用表情或用手勢讓對方知道你想說話，或直接開口表示，「很抱歉，我可以插一句話嗎？」或是「對不起，但您剛剛提到了一個重點，對此，我可以在您深入前先問一個問題嗎？」
- **劈頭先道歉。**不得已要打斷人，你應當一開頭先說「我很抱歉」，然後接著表示，「我很期待聽完您要說的全部內容，我只是不明白您剛剛說的一個點。」

男人：責任在我們——

讓女人知道如何捍衛自己不受打斷者干擾是一樁好事，但如果我們不需要跟女性分享如何保護自己，豈不是一個更美好的世界。這個責任應該由男性擔起。一如卡內基梅隆大學的喬安娜·沃夫所言，我也認爲我們大多數的男性都渴望變成更好的人。爲此，首先我們得在跟女性說話時保持警醒，認清你多半內建有想要打斷人的體質，並意識到你一這麼做，跟你對話的女性就會降低對你的評價，對你所說的話打折扣。

注意對話的走向並寧可矯枉過正。光是讓女性把話說完是不夠的，你還要在自己開口前先停一拍，還有記得別說教。想像兩人的對話就像一顆籃球，你必須分享球權不要每次進攻都想自己單幹。最多，四句話，然後就要把球傳出去。

下意識裡，女性會預期男性會打斷她們、教訓她們、會抓著球不傳給她們。所以，若有哪位男性不是這樣就會在女性眼裡脫穎而出，就能得到她們更多的青睞。這些男性說出來的話對女性也會更有說服力。怎麼樣，有沒有興趣成爲其中一員啊？

1 **Apparently, she got the numbers**: Tracy Clark-Flory, "Fact-Checking 'the Female Brain,' " Salon, September 25, 2011, https://www.salon.com/2006/09/26/genderdifference2/.

2 **there were forty-eight interruptions**: Don Zimmerman and Candace West, "Sex Roles, Interruptions, and Silence in Conversation," Stanford University, https: //www.web.stanford.edu/~eckert /PDF/zimmermanwest1975.pdf.

3 **Researchers at George Washington**: Adrienne B. Hancock and Benjamin A. Rubin, "Influence of Communication Partner' s Gender on Language," *Journal of Language and Social Psychology* 34, no. 1 (2014): 46–64, https: //doi.org/10.1177/0261927x14533197.

4 **Professors at the Northwestern Pritzker**: J. Carlisle Larsen, "Study Shows Female Supreme Court Justices Get Interrupted More Often Than Male Colleagues," Wisconsin Public Radio, April 19, 2019, https: //www.wpr.org/study-shows-female-supreme-court-justices-get-interrupted-more-often-male-colleagues.

5 **started calling on women**: Juliet Eilperin, "White House Women Want to Be in the Room Where It Happens," *Washington Post*, October 28, 2021, https: //www.washingtonpost.com/news/powerpost/wp/2016/09/13/white-house-women-are-now-in-the-room-where-it-happens/.

6 **"Ben has migrated"** : Shankar Vedantam, "How the Sex Bias Prevails," Age, May 14, 2010, https: //www.theage.com.au/national/how-the-sex-bias-prevails-20100514-v4mv.html#ixzz3BXBN2SNG.

7 **former Facebook chief operating officer**: Sheryl Sandberg and Adam Grant, "Speaking While Female," *New York Times*, January 12, 2015, https: //www.nytimes.com/2015/01/11/opinion/sunday/speaking-while-female.html.

8 **Over time, women justices**: Larsen, "Study Shows Female Supreme Court Justices Get Interrupted More Often Than Male Colleagues."

第五章

STFU:

The Power of Keeping Your Mouth Shut in an Endlessly Noisy World

閉上鳥嘴是一帖良藥

每天三十分鐘的溫和運動有助健康還可以延年益壽。譬如每天走一萬步、並睡足八小時就會有很好的效果。然而，改變你說話的方式對於健康來說，也同樣重要。帶著目的性說話、多聽、該閉嘴的時候閉嘴，甚至調整你使用的代名詞等，都能改善你的焦慮、憂鬱，以及各種發炎的疾病。基本上，閉上鳥嘴就是一帖良藥。

「我們最切身的行爲，就是說話，或者該說是：跟他人對話。但直到相對近期，我們才開始研究這件事。」亞利桑那大學的社會心理學者馬希亞斯．梅爾（Matthias Mehl）說，「心理可以對生理產生正面或負面的影響，這個想法相當引人入勝。」

梅爾始終在追尋言談與幸福感之間的關係，這一尋就是二十年，這當中，他也在實驗室裡累積了若干重大的突破。梅爾初試啼聲，就揭發了《女性的大腦很那個……》中，關於「女性每天說話的字數量是男性三倍」的數據錯誤。他讓四百名大學生隨身攜帶一種名爲「電子觸發紀錄器」（Electronically Activated Recorder; EAR）的裝置趴趴走，該裝置會以各種間隔隨機開啟，錄下它們「聽到」的聲音。在累積了幾天的錄音量後，梅爾將統計數據進行了平均，結果他發現不分男女，每個人每天的說話量都落在一萬六千字左右，進而發現書中數據有誤，而且最多話的前三名都是男性。

一戰成名後，梅爾保留使用EAR進行研究，並將研究範疇擴大到說話字數以外的問題。他研究起了我們說話的內容，我們花了多少時間在有意義、有實質內容的對話上？我們有多少的日常交談是用在閒聊？還有就是這兩個問題的答案能不能增進我們對人的了解？如果能，那我們從中知道了什麼？

在一篇名爲〈偸聽幸福〉（Eavesdropping on Happiness）的報告中，梅爾與他的團隊發現有種人的對話品質普遍比較高，他們比較少做言不及義的閒聊，而這種人比起其他人都要來得幸福快樂（梅爾的團隊拿問卷讓受試者塡寫，藉此得知他們主觀的生活幸福感，接著從受試者的熟人處收集回饋，綜合後，計算出每位受試者的「幸福得分」，最後把分數拿去與每個人的「對話數據」進行比對）。研究報告指出，最快樂的那種人只花一成的說話時間在閒聊上，最不快樂的那種人則花到近三成。

話說到底，梅爾的結論是優質的對話會深切影響到情緒幸福，以至於這些對話「可能是生活滿意感的關鍵要素」。他認爲，人們如果想讓自己更幸福，就得注意自己說話的方式並努力去提升說話的品質。你不一定要減少閒聊的時間，你只需要多花點時間在良好的對話上。

但何謂「良好」的對話？我們要如何才能進行良好的對話呢？基本上，閉上鳥嘴就能做得到。好的對話與「比平常多話」間，不見得能畫上等號。事實上，好的對話往往是字數比較少的對話。「我們的數據非常符合這樣的一種可能性，如果每個人都能在對話中多聽少講，這個世界就會變成一個更美好的地方。」梅爾說，「要引出有意義的對話，最好的辦法就是提問題。」

你不用徹底放棄閒聊，梅爾說。你只需要一天一次嘗試去開啟一些天氣真好跟夏天過得真快以外的話題。你不用討論生命的意義或死後有沒有來生，你可以只是跟家裡的青少年好好聊聊學校如何，或是跟另一半討論旅行的計畫。柴米油鹽的話題也可以發展成對於夢想跟志向的深入探討。

將平凡無奇的對話升級成「良好」的對話是一門藝術。梅爾告訴我，有一次他去散步時，遇到剛動完癌症手術的鄰居。「我問他，『你好嗎？』但不是那種嗨，在忙啥？的你好嗎，而是不，說真的，你怎麼樣了？的你好嗎。最後，我們進行了一場優質的對談。一場好對話的起點可能跟閒聊差不多，這就是好對話讓人讚嘆之處。好對話的起點可能只是一句你好嗎，只不過多了些微的認眞、些微的關懷。就以那爲起點去讓對話得以開展。」

誠摯也是一個重點。「重點是在這場對話中，我能不能塞進一些誠摯？這點很有趣，因爲我們所說的誠摯指的到底是什麼？這裡，我們認爲誠摯的意思就是你必須卸下面具。你要讓一部分的自己被看見或聽見，也就是說，你要表達出跟你的價值觀一致的東西。你不要去管天氣怎麼樣，美式足球超級盃戰況怎麼樣，你要去談眞正要緊的事，那些代表你核心價值的事。」

去聊兩個天，然後明天早上打給我——♥

如果說，擁有好對話可以有助於你的心理健康，那它們是不是也可以增進你的生理健康呢？這問題聽起來有點瘋狂，但梅爾認爲那當中應該有幾分道理。

言談與健康相關——你可以把自己「愈說愈健康」——的觀念其實一點都不新。

五十年前，這觀念就曾在「心身醫學」（psychosomatic medicine）領域走紅過一遍，當時，人們就認爲可以用情緒跟社會行爲去治癒或緩解身體疾病——經典案例便是正向思考可以提高癌症的存活率。很多醫生都說這完全是庸醫用來招搖撞騙的歪理，[1]但確實有一項針對癌症病患的研究發現，正向思考強化了病患的免疫系統，並幫助體內抗癌細胞數量的增生。

一九七〇年代，一名心理學家詹姆斯．J．林區（James J. Lynch）發現，每當人們一開口說話，血壓就會上升，反之，當扮演聽衆的時候，血壓便會下降。爲了演示這一點，他把志願者召集到舞台上並接上血壓計，然後請他們開口說話。果然，血壓馬上就升上來了，台下的觀衆被逗得大樂。患有高血壓的人尤其敏感，他們在台上一開口，血壓就直衝天際。此外，多話者在台上的血壓反應也很誇張。

爲了治療高血壓的病患，林區提議讓他們學著在說話時放輕鬆一點——基本上，就是把言談當藥物。「我們如何才能聊得開心又不讓血壓升高呢？」林區思索著，「透過多聽，透過說話時有規律地呼吸，讓關注力在自己說話與留心對方在說什麼之間交互輪替。」沒錯，這就是在把閉上鳥嘴當藥方。如果你是個多話的人，請注意：你是對身體造成危害的高風險群。

關於一九七〇年代的研究有個問題，就是當時使用的科技相較於今日簡直就是石器時代的水準。像林區這樣的心理學家，不論是要找尋相關性還是要進行有所本的猜測，憑的都是直覺。

梅爾無疑地幸運多了，他有基因組學可以幫助他把結果量化；就像在「偷聽幸福」的實驗裡一樣，他替受試者裝上了EAR裝置，錄下他們說的話並製成逐字稿，但這次，他沒有將受試者的對話品質拿去跟幸福分數比對，而是將之比對了基因資料。他找了加州大學洛杉磯分校的心理學家史提夫．柯爾（Steve Cole）共同進行實驗，柯爾研究的是社會環境如何影響基因的表達。這對搭檔發現，人們若是花比較多的時間在優質對話上，就會呈現出一種名為「負調控免疫系統」（down-regulated inflammatory response）的狀態，意味著他們有比較健康的免疫系統，相對上，比較不會受到高血壓與心臟病等發炎性疾病的困擾。

這種發現聽起來還好，實則不容小覷。梅爾堅信這項發現非同小可。首先，這代表醫生可以把你說話的方式當成診斷工具。我們說話時使用的字句說不定可以幫助醫生判斷我們的免疫系統有什麼問題。醫生可以藉由語言去窺探我們的大腦與身體，推測我們體內的動靜。「沒有人可以一眼看穿我們的身體狀態，但也許我們已經在語言中透露了體內狀態的蛛絲馬跡，也許我們可以去追蹤這些線索。」梅爾說。

而這還創造了一種更讓人心癢難耐的可能性：我們是不是能透過去外頭與人進行優質的對話，聊些有意義跟有內容的話題，然後讓自己變健康？我們是不是能把言談變成一帖良藥？「我們知道藉由服用布洛芬（ibuprofen）可以對抗發炎反應。那我們是不是也可以『服用』幾帖好的對話來獲致同樣的結果呢？這就是整個實驗的思路。」梅爾說，「我們還有大量的研究要做，但可以肯定的是語言確實是一扇通往我們心理動態的窗口，現在，我們知道它也是通往生物性狀態的窗口。」

這聽起來有點像是天方夜譚。但梅爾指出，言談確實是我們生活的樞紐。或者應該說，要是言談跟我們的身體健康一點關係都沒有，搞不好才更像是天方夜譚。如今，我們知道了什麼叫好的對話。但我們有沒有累積到足夠多的好對話，這一點要如何去測量呢？別驚訝，其實我們可以用智慧型手機或智慧手錶去追蹤我們聊了些什麼，然後計算出分數。二十年前，梅爾的ＥＡＲ裝置還是台笨重的機器——卡帶式迷你錄音機上加裝一個計時器。而今，EAR已演變為一套軟體，一個你可以放在手機上的app。

梅爾正與一名軟體開發者及一組哈佛學者合作研究，企圖將程式碼壓縮到連智慧手錶也裝得下。哈佛的醫師們則正著手治療中風病患，他們相信，這些病患若能多說些話、多進行一些社交，他們復原的速度就會更快。一只能追蹤談話的手錶會負責記錄病患說了多少話，乃至於對話的內容是哪些。研究人員已經打造出一只原型錶，但需要修正的地方還很多。「我們已經有手錶可以記錄我們的走路步數，測量我們的睡眠品質，但另一種同樣該記錄的重要社交資料是我們與人進行社交互動的量，還有我們與人進行的對話類型。然而迄今，我們還沒有辦法像我們在追蹤睡眠跟運動量一樣去追蹤言談。這對我們來說是一個全然的盲點。」梅爾說。

我們不需要腦洞大開，也能想像出言談追蹤成為消費性電子產品中的主流功能。到了那天，或許我們的手錶會溫柔地提醒我們，要我們從桌子前站起來去找人聊聊天，只因為那樣比較健康。

風暴中的「我」

另一回同樣使用EAR裝置，梅爾與一支團隊聯手得出了他的第三項大發現：苦於焦慮跟憂鬱症的人，比一般人更常使用第一人稱代名詞——主格的I、受格的me，還有所有格的my。曾經，人們以為的自戀其實可能是負面情緒的指標。學者稱這種說話方式是「I-talk」，也就是滿口「我我我」，並表示這是包含焦慮、憂鬱、壓力等種種「負面情緒」的標誌物。這篇報告的第一作者艾莉森・塔克曼（Allison Tackman）是亞利桑那大學的心理學家，她把範圍又縮得更小。她認為I跟me這兩個字比起my，與負面情緒更加相關，理由多半是所有格後會連接到你本身之外的人事物。在我們平均每天說出的一萬六千個字當中，約有一千四百字是第一人稱單數代名詞。但如果是處於壓力、焦慮與憂鬱狀態中，人一天說出的I跟me可以上看兩千個。[2]

心理學者將I-Talk看作一種診斷工具，一種某人身處於情緒痛苦中的指標。想想你上一次歷經壓力或痛苦的時候——分手、失業——想想你在「誰能比我慘」的悲傷中，是如何把所有的注意力向內集中。這種事爲什麼會發生在**我**身上？**我**是哪裡做錯了？爲什麼**我**好不起來？爲什麼你不喜歡**我**？你陷在了梅爾所稱的「風暴中之『我』」這個隱喩的漩渦中。

如果I-Talk代表著憂鬱，那我們可以靠減少說「我」來讓自己振作起來嗎？梅爾的恩師詹姆斯．潘尼貝克（James Pennebaker）作爲德州大學奧斯汀分校的研究心理學家，他從理論切入的看法是：我們可以。潘尼貝克以對代名詞的研究聞名於世。他的大發現是一個人的遣詞用字，特別是對代名詞的使用，可以透露出一個人的本性。想預測一個孩子的大學會念得好或不好，或一名政客會不會把國家帶向戰爭？其實密碼都在他們的談吐當中：潘尼貝克宣稱。

在一九九〇年代，潘尼貝克提出了他所謂的「代名詞療法」進行治療時，他會要求病患監控自身對第一人稱代名詞的使用，且能免則免。療效好壞參半，理由多半是病患花太多精神去避免使用「我」，導致沒辦法專心在眼前的對談中。

但從那之後，其他人發現了細微的語言改變有助於人們調節他們的負面情緒。

一項由哈佛大學所做的研究發現，心理治療的病患若能減少對「我」的使用，以及——說也奇怪——減少對動詞現在式的使用（這是種被稱爲「語言性疏遠行爲」的技巧），就能改善他們的心理健康。

密西根大學的學者發現用名爲「疏遠性自言自語」（distanced self-talk）的技巧——也就是在自言自語的時候，使用第二或第三人稱來指涉自己，或是以自己的名字來稱呼自己，並避免使用I跟me——也有類似的成效。密西根大學的心理學者們得出的結論是，治療師或許可以應用疏遠性自言自語來作爲一種技巧，藉此幫助人們消解壓力或負面經歷，因爲「語言的微妙變化可以被拿來作爲調整工具，用涉及思考與感受的方式去改變一個人的自我觀點」。

這些心理學者所講述的是以這些手法在治療病人的治療師，然而，或許我們也可以試著將這些手法套用在自己身上。一輩子都不說I、me、my斷然不可能，但花一天的時間，試著把這些代名詞的使用量壓到最低——來進行代名詞治療——是值得一試的練習。在使用語言疏遠技巧的時候，就是在強迫自己思考自身說話的方式，強迫自己在遣詞用字上抱持一種目的性，這也符合閉上鳥嘴的精神。疏遠性自言自語是一種你可以獨自做的練習，用第二或第三人稱、或是自己的名字取代「我」，然後自言自語。那感覺當然會很奇怪，但話說回來，單單爲了以這種詭異的方式說話而不得不慢下來本身就具有一些好處。

森林浴：完全不野性的呼喚——

關於去森林浴的事，我沒有告訴太多人。我的朋友大多對戴著水晶提升意識，擁抱森林，在林間進行神聖儀式的那套全然嗤之以鼻。我完全猜想得到，當聽到我企圖解釋時，他們會這麼說：再來呢？要開始聽恩雅的空靈音樂了嗎？要去拜薩滿了嗎？要吃維根素了嗎？要穿勃肯鞋了嗎？我的一位在舊金山從事科技業的朋友，在我跟他說這些的時候笑到翻過去。

我的嚮導叫作陶德．林區，一名地景建築師兼藝術家，他是個客客氣氣、輕聲細語的五十來歲大叔。我們約在伯克夏爾山區的一處森林入口，在停車場碰了面，然後從那兒進入了林中。我是在一個網站上找到了陶德，網站上羅列著全美數百位合格認證的森林浴嚮導姓名，陶德就是其中之一。我是希望能藉由花幾個小時浸淫在大自然裡來舒緩我話多的毛病——我心想，要是我能在森林裡關上嘴巴三個鐘頭，或許，我就能把這個好習慣帶回到林外的生活中。

森林浴發源於日本，在那兒，他們稱之爲しんりんよく。一九八〇年代初期，醫界開始尋找各種能解決過勞城市居民因心臟病發倒下的方法，結果他們想到一個主意就是森林浴：去森林裡走走。那之後，日本各地便築起了數百條森林浴步道。對日本人而言，森林浴的療效可不是在開玩笑。日本國家旅遊局的網站有一個森林浴專區，裡頭會告訴你哪裡可做森林浴，其中，長野縣的赤澤自然休養林就是森林浴的發祥地。日本全境都有特別指定的森林浴浴場，其中最酷的路線會帶你行經森林裡的各個神聖景點，讓你暢遊紀伊半島；[3]行程中，還包括在神道教的寺廟中住一宿，讓你體驗僧侶的夜生活。

日本的森林浴教父李卿博士是一名醫學院的教授，過去二十年，他致力於研究森林浴並發現了森林浴各種有目共睹、對健康而言可以被量化也可以被檢測的益處。他宣稱森林浴有療效是因爲樹木會釋放芬多精這種可以保護它們不受昆蟲跟細菌傷害的天然精油。芬多精的氣味各不相同——你可以回想一下柏樹、尤加利樹與松樹，各有什麼味道。李卿博士的研究證明，芬多精會使人體增加抗癌蛋白質與NK（自然殺手）細胞的製造，藉此強化人類對外來病毒跟腫瘤的抵禦力。他聲稱每個月做一次森林浴，就足以讓你體內的NK細胞保持高水準的量。

在一份研究中李博士發現，只要花兩小時做森林浴，就可以增加百分之十五的睡眠時間。同時，還會因爲做了森林浴而降低壓力賀爾蒙可體松跟腎上腺素的水準，更別提血壓會降低、能量會升高，憂鬱症會改善。一項日本研究指出，做一整天的森林浴「會對心理健康產生顯著的正面影響，特別是對那些有憂鬱傾向的人而言」。4 李卿宣稱芬多精中的D-檸檬烯比抗憂鬱藥更能改善你的心境。「沒有什麼藥物可以像去美麗的森林中走走那樣直接促進你的健康。」李卿在《森林癒：你的生活也有芬多精，樹木如何爲你創造健康和快樂》（*Forest Bathing: How Trees Can Help You Find Health and Happiness*）中寫道。

森林浴的第一項守則就是走路要走得……慢……非常慢。陶德跟我大概花了三十分鐘才走完進入森林的那幾百碼（一碼約零點九公尺）。然後，我們在一處空地中坐下，基本上就是坐在那兒放空，只是聽著蟲鳴鳥叫，看著樹冠在風中搖曳。此外，從頭到尾都沒有什麼事發生，而什麼事都沒有發生正是重點所在。在三個小時後，陶德和我行禮如儀地喝了點茶，接著走回停車場互道了珍重。我不知道我的血壓或白血球數量有沒有什麼改變，但我開車回家的路上感覺非常好。我的五感清醒又敏銳，一切看起來都更加生動。這讓我憶起了第一次戴上眼鏡騎車回家時，路上的景致全變得異常明晰，猶如一個我從未見過的世界那樣讓我驚嘆。我沒有把手機帶進森林，也沒有興趣去檢查我有沒有錯過任何事情。回家的路上，我關掉了車上的收音機，兩個小時的路程中，我保持靜默，想像著那些芬多精隨著血液在我體內流動，展現它們神奇的效能，不斷促生新的ＮＫ細胞。

李卿已經發表過大量的研究證明森林浴對身心幸福的效用。與這些發現相呼應的是，有其他研究顯示安靜無聲的環境對腦部具有療效，可以協助大腦生成新的神經元。這些「神經新生」會增強心理韌性，降低生物處於壓力中的焦慮。這是好消息。壞消息是截至目前為止，這些研究只適用於老鼠，而老鼠的腦細胞數量遠比人類少。

然而，有一些科學家們認爲，這些研究結果或許可以觸發治療方法的出現，以幫助那些對抗憂鬱藥有抗藥性的人脫離焦慮之苦。樂復得對你沒用了嗎？要不要試試醫師監督下的處方「閉上鳥嘴」呢？

徜徉在大自然中可以增進健康快樂這觀念實在不是什麼大發現。哈佛生物學家艾德華・O・威爾森（Edward O. Wilson）就曾假設，我們對戶外活動的愛好是扎根於演化過程，並存在於我們先天的心理與生理構成中。你可以想像在我們的DNA中烙印著對地球上其他生命的親切感。威爾森稱之爲「親生命性」，英文是biophilia，其中bio在古希臘文中是「生命」，philia就是「愛」。正是因爲人類有這種天性，我們才會去黃石公園看美國野牛、去賞鳥、去被兔寶寶融化，也在小鹿斑比晃到自家院子裡時，秒衝到窗邊看。也是因爲這種天性，我們才會在漫步加州穆爾林區（Muir Woods）時，因爲身邊圍繞著千年紅木而感到心曠神怡。其他生物，包括動植物都會觸動我們內心的某一隅。

僧侶作爲靜默界的大師，平均要比廣大的俗世之人多活五年。維也納人口學家馬克・盧伊（Marc Luy）表示，他曾花不下十年在巴伐利亞鑽研存放於教堂或修道院迴廊間，從一八九〇年至今的各種統計紀錄。這聽起來實在不是什麼有趣的行當，但他本人樂在其中。也許他能從這活兒中感覺到祥和。「安靜絕對是降低他們壓力因子的一個面向。」盧伊說，「靜默或許不能解釋所有的事情，但在安靜中，是你可以做你自己的時間，那些你除了禱告跟思緒以外，什麼都不用管的時光，絕對是壓力能降低的一大功臣。」

在過去十年中，森林浴已經成爲全球性的現象，也是一門熱絡的生意。芬蘭在二〇一〇年開設了一處「幸福森林步道」、歐洲各地也有所謂的「能量森林」，它們全都反應了世人對生態健康旅遊日漸升高的興致。歐洲在這一方面上領先我們，但他們原本就比我們有優勢——別忘了德國那些地名是Bad開頭的溫泉鄉，還有比利時的那些水療小鎮。

在美國，森林浴熱潮興起於疫情期間，阿莫斯．克里弗（Amos Clifford）這位亞利桑那州的野外嚮導兼心理治療師說。他開發出三小時的森林浴行程，並以此爲宗旨開了家公司叫作「自然暨森林療法嚮導與方案協會」，簡稱ANFT，主要業務是培訓人成爲合格的森林浴嚮導。六十二個國家的一千七百多人已獲得ANFT認證

——光在二〇二一年，就有將近四百個畢業生。在美國，目前有逾千名認證森林浴嚮導。他們當中有醫師、牧師與心理治療師。

他們全都列名於ANFT的網站上，且大部分人都有自己的網站可以供你登入並預約行程。他們都遵照克里弗的三小時森林浴方案規劃，也就是所稱的「關係性森林療法」。克里弗相信，我們很多的問題都源自於與大自然的疏離，乃至於與我們自身的疏離。相較於日式森林浴採取比較科學的方式並聚焦在芬多精的醫學療效，克里弗的方案比較強調心理層面的點化。

對某些人來說，森林浴只是去樹林裡放鬆一下。但也有些人會在森林浴中挖掘出某些沉重的回憶與情緒，並以此獲得深刻到讓人近乎煥然一新的體驗。「我們會遇到一些人找上門，他們認為這只是某種嬉皮式的鬼扯。」克里弗說，「怪的是，那些原本最持保留態度的人，之後愈可能哭得一把眼淚一把鼻涕。」

你不請嚮導也沒有關係。你可以找克里弗寫的《你的森林浴指南：體驗自然的療癒力（暫譯）》（*Your Guide to Forest Bathing: Experience the Healing Power of Nature*）或李卿博士的《森林癒：你的生活也有芬多精，樹木如何為你創造健康和快樂》來閱讀；前者會讓你獲益良多，後者幾乎是森林浴界的聖經。李卿博士說，你甚至不用眞的跑去森林裡，去你家附近的公園走走也可以。

閉上鳥嘴，修復大腦——

迪拉吉・拉賈拉姆（Dhiraj Rajaram）是創辦了一家市值數十億美元，總部位於印度邦加羅爾（Bangalore）名爲穆西格瑪（Mu Sigma）科技公司的現任執行長。幾年前，拉賈拉姆開始鼓勵穆西格瑪的四千名員工在上午十點半跟下午三點半各休息半小時，那半小時的時間裡，他希望同仁們可以安安靜靜地遠離辦公桌、電腦與手機，不看簡訊、不收電郵、不滑推特。「那不光是聽不到聲音的安靜，也是看不見螢幕的安靜。」拉賈拉姆告訴我。他相信這些休息時間可以讓人更有創意，乃至於更有生產力。雖然員工會在辦公桌前少待一個小時，但「剩下的時間裡，他們會更有效率」。

穆西格瑪的業務是利用數學家與電腦專家的腦力跟創意去分析巨量的資料，好供他們的《財星》五百強企業客戶可以做出更好的決策。穆西格瑪形容自己是「設計工作室跟研究實驗室的綜合體」，並稱他們旗下的分析師是「決策科學家」。

工程師出身的拉賈拉姆操持著「內觀」（Vipassana）冥想並自認是個商人哲學家。他認爲資訊過載導致現代人都有些瘋狂。「問題不只在於我們說太多話，問題還在於我們被餵食了太多我們分不清哪些是噪音、哪些是訊號的資訊。」他說。

社交媒體迫使我們創造出新的自我，讓我們與眞實的自我斷開，而這就會干擾到我們的創意。「很多創意都來自於與自我的眞實連結。」他說，「而問題就出在我們與自我失了聯。我們被活埋在一層又一層社會疊加在我們身上的虛假中。我們全都在臉書、IG和領英上努力著討好別人。」

拉賈拉姆的上班日安靜休息政策被迫暫停，因爲疫情來襲，當時所有人都居家辦公了。但他仍堅信，我們比史上任何時候都更需要安靜。隨著世界變得愈來愈吵雜，我們被推到了危機的邊緣。「我們進入了一個新時代，」他說，「一個心理健康成爲我們最大問題的時代。」

冥想治百病

傑克・多西搞不好是世界上最有創意的商人。過去二十年間，他發想出兩家最頂尖的科技公司。首先是推特，現存重要性與影響力都最大的社交媒體。對大部分人來說要是有這成就，這輩子就已經夠了。但在創立推特幾年後，他又共同創辦了Square，用以製造提供那些現今隨處可見、插在手機上的信用卡讀卡機，這下子，成立推特的成功便被比了下去。這兩家公司總市值一千億美元，而這些年來，也不知多西是怎麼生出時間去身兼兩家公司的執行長。但即便是這兩家公司，也遠遠不能滿足多西不肯停歇的想像力。他現正一頭栽進的比特幣與區塊鏈領域也是科技業界的當紅炸子雞，他繼續尋找新的機會。

他是怎麼做到的？多西每天早上的第一件事就是先做個半小時的冥想，然後走五英里路去上班，路程大概是一小時多一點，期間，他通常保持靜默。遇到非常想找點樂子的時候，他會移駕到世界上最偏僻的角落，然後花十天安安靜靜地冥想，進行所謂的「內觀」練習。多西宣稱那是開啟他創意的鑰匙。

科學研究指出，冥想可以讓人更有創意。但創意並不是冥想唯一的好處。舉例來說，舉凡佛教的僧侶與比丘尼只要通曉了冥想之道，都能享有更健康的心理。冥想可以改變人的大腦結構（好的改變），[5]減緩大腦灰質隨年紀萎縮的速度，冥想可說是某種青春的泉源可以減少焦慮與憂鬱，效果不怎麼輸給抗憂鬱藥，而且「還少了伴隨藥物的毒性」；約翰霍普金斯大學的醫師們如此表示。[6]

顯然地，這當中所發生的狀況是你將大腦導進了「預設模式」，也就是什麼都不做的狀態，大腦只是閒置在那兒並想找點什麼來做。這種想找點刺激或任務的嘗試，對你的大腦而言是一種運動，[7]而這種腦部運動恰好可以提升人的認知能力，讓你更善於記住事情——包括你把車停在賣場外廣闊停車場的哪裡——也更善於思考未來。而這後一種能力就能解釋何以多西會不斷地提出別人連想都沒想過的產品創意，像是一個可供全球數億人相互追蹤聯繫、無時差的網絡，或讓計程車司機和小商家可以接受信用卡付款的iPad系統。

每次，當多西從他的十天內觀冥想之旅返國，都會在推特上大加讚譽，此舉也啟發了很多科技業人士去嘗試，合理推測，他們是懷著富豪夢而去。但大多數人根本撐不完完整的十天，[8]他們在一兩天後就跟冥想練習「和平分手」了。要放棄手機與筆電實在太痛苦了，而內觀冥想又不是很輕鬆。要保持蓮花座的姿勢數小時簡直是一種酷刑——況且，不這麼坐還不行，因爲辛苦的蓮花座被認爲是內觀過程的一環。

在美國有二十五個地方可提供修習內觀之人閉關，全世界則有三百六十二個。各個流派的冥想勝地正如雨後春筍般興起，有些還得排很久的隊才進得去。其中，「靈視探尋」（Vision Quest）正成爲主流，以至於《Inc.》這本商業雜誌將之大力推薦給想要有一番作爲的企業家。部分由於疫情封城帶來的壓力，冥想app成爲了一門數十億美元的大生意。[9]自二〇一五年以來，已經有超過兩千五百多個手機應用程式問世。[10]其中，大爲風行的Calm專門提供音樂與背景音，如下雨聲，它也可以爲你說些床邊故事來幫助你入眠。另外一款Headspace可以讓你客製化課程來達成特定目標，像是提升創造力或增加耐性。

到處都有人在慢慢把嘴閉上——他們跟傑克．多西一樣，都相信暫時向這個世界告假，可以提升自己在當中運作的能力。

使出閉上鳥嘴五法

我視閉上鳥嘴五法爲一種運動，就跟慢跑、上健身房、做瑜伽沒兩樣。這是一種日常的練習。一旦你養成了這個習慣，事情就會愈來愈簡單。整體而言，閉嘴的本質是放慢速度，要言之有物，要讓出說話的空間給他人，要問出有品質的好問題，然後要認眞傾聽回話。就像上健身房一樣，這些無形的運動，同樣能讓你變得更健康、更快樂。

「可以不說話就不說話」是閉上鳥嘴五法中，最強大的一招。爲今天選擇一個特定的對話主題，然後專心尋找一個你可以一聲不吭的空間，在其中扮演一個有禮貌而不粗魯的啞巴。這招最容易使用在陌生人身上。克制住與服務你的外場攀談的衝動；不要去好奇你的Uber駕駛的人生故事；放幫你結完帳的櫃檯小姐離開，客氣的她還有很多事要忙。

想壓低閒聊的量你可以玩一個「那是個問題嗎？」的遊戲。當你出門辦事或預約弄頭髮時，你可以做好一個心理準備：絕對不說話。除非你被問起一個直接的問題，而當你被問到問題時，要盡可能扼要地回答。我有個習慣，就是遇到人就想把握機會聊天。不論是在逛雜貨店還是亮出證件進入健身房，只要有哪個可憐的傢伙正好成爲我的獵物，我都能習慣性地在回答問題時，把「對」變成「對，主要是……」，也就是說我不會光說「對」，我會說「對」，然後開始一長串解說我是如何、跟爲何會做成某個決定，但其實「對」就已經是對方需要的全部資訊。「那是個問題嗎？」這遊戲對我的幫助眞的很大，因爲它，我克制了說話的衝動。在無論如何都無傷大雅的場合中進行這項練習，有助於我在禍從口出會出大事的場合下更加管得住自己的嘴巴，比方說在工作場合上。

讓沉默懸在對話中，藉此確切掌握住暫停的力量。一開始你會感到很尷尬，會有股趕緊跳進去把空白塡滿的衝動。但時間久了，你就會習以爲常。暫停會變成「有意義、有內容之對話」中很重要的一環，而這種言之有物的對話，又會成爲情緒與身體健康的關鍵所在。一個很好的練習起點是Zoom線上會議；出於某種原因，隔著螢幕可以讓暫停變得不那麼尷尬。在你每次開口前深吸一口氣，停個兩拍再繼續。

找到沉默的力量，你就會發現自己變得更加冷靜，同時也更加清醒，更有飽滿的能量，更有辦法去發揮創意。就算是稍縱即逝的機會——沒有電話、沒有電腦、沒有音樂的短短幾分鐘——也能爲你的大腦充電。不要因爲苦於某個難題而動彈不得，起身離開，先把問題擱在一旁去散個步。預約個森林浴，靜靜坐著，放你的心靈四處漫遊與漂流。想想那些有關沉默會讓你長出新腦細胞的研究，閉上眼睛，感覺那些新神經元在你的腦中甦醒。

你或許會感到無聊，但這也是好消息。過程中的無聊是來自宇宙的禮物。你不是在浪費時間；相反地，你是在把握機會。哲學家伯特蘭．羅素（Bertrand Russell）認爲，「無聊的沃土」是創意的湧泉，「一個無法忍受無聊的世代，將會成爲一個……所有的生命衝動都緩緩萎縮的世代，他們就好像是被裁剪下來插在瓶中的花朵。」他寫道。

羅素的話恐怕有幾分道理。學者發現做無聊的事可以增進創意。他們懷疑這可能是因爲大腦一無聊就會開始找事做。大腦感到不滿足，所以它會進入「搜尋」模式。有了智慧型手機，我們再也不會無聊。我們隨時有東西可以幫自己解悶，但這種解悶的過程毫無建設性。大腦會被空虛的活動占領，再無空間去做白日夢或發揮創意。

另一個溫馨的專業小提示：寫一本說話日記。減重者會像寫日記一樣，寫下自己每天吃了什麼。想練習控管嘴巴的人也可以效法他們，每天睡前花點時間，回想自己今天有過哪些對話。當中有多少對話是有意義的？你有沒有經常聆聽對方？你有沒有哪場對話是進行得很順利的？如果有，那你是如何做到的？記錄下這些將有助於你強化你想要培養出的習慣。

這聽起來很麻煩，但上健身房也很麻煩，而且閉上鳥嘴的好處要比一組六塊肌容易到手多了。你會更快樂、更冷靜、更樂觀、更加控制得住自己，也更不會感到焦慮，並且你會睡得更好。你會發現自己爆怒的次數減少了，鑽牛角尖的頻率也降低了。

生理上的好處——增生的新腦細胞、強化的免疫力、弱化的心血管疾病風險——不是那麼一目了然，但我決定相信科學。他們敢說，我就敢信。

1 **Many docs say this is complete quackery**: Louise Tickle, "Positive Thinking Can Kill Cancer Cells, Say Psychologists," *Guardian*, April 16, 2000, https: //www.theguardian.com/uk/2000/apr/16/theobserver.uknews2.

2 **up to 2,000 times a day**: Alexis Blue, "Frequent 'I-Talk' May Signal Proneness to Emotional Distress," University of Arizona News, March 7, 2018, https: //news.arizona.edu/story/frequent-italk-may-signal-proneness-emotional-distress.

3 **forests of the Kii Peninsula**: "Sacred Sites & Pilgrimage Routes in the Kii Mountain Range (UNESCO): World Heritage," Travel Japan, https://www.japan.travel/en/world-heritage/sacred-sites-and-pilgrimage-routes-in-the-kii-mountain-range/.

4 **One Japanese study**: Akemi Furuyashiki et al., "A Comparative Study of the Physiological and Psychological Effects of Forest Bathing (Shinrin-Yoku) on Working Age People with and without Depressive Tendencies," *Environmental Health and Preventive Medicine* 24, no. 1 (2019), https: //doi.org/10.1186/s12199-019-0800–1.

5 **change the structure of your brain**: Eileen Luders, Nicolas Cherbuin, and Florian Kurth, "Forever Young(er): Potential Age-Defying Effects of Long-Term Meditation on Gray Matter Atrophy," *Frontiers in Psychology* 5 (2015), https: //doi.org/10.3389/fpsyg.2014.01551.

6 **doctors at Johns Hopkins reported**: Madhav Goyal et al., "Meditation Programs for Psychological Stress and Well-Being," *JAMA Internal Medicine* 174, no. 3 (2014): 357, https: //doi.org/10.1001/jamainternmed.2013.13018.

7 **gives your brain a workout**: Randy L. Buckner, "The Brain' s Default Network: Origins and Implications for the Study of Psychosis," *Dialogues in Clinical Neuroscience* 15, no. 3 (2013): 351–58, https: //doi.org/10.31887/dcns.2013.15.3/rbuckner.

8 **can't last the full ten days**: Marcus Baram, "Silent Mode: Why the Stars of Silicon Valley Are Turning to Silent Meditation Retreats," Fast Company, April 12, 2019, https://www.fastcom pany .com/90334124/from-hacking-the-mind-to-punishing-ennui-techs-brightest-are-taking-to-silent-retreats.

9 **meditation apps have become a billion-dollar business**: "How Meditation Apps Became a Billion-Dollar Industry," Newsy, May 2, 2022, https: //www.newsy.com/stories/how-meditation-apps-became-a-billion-dollar-industry/.

10 **2,500 of them have been released**: Jazmin Goodwin, "Health and Wellness Apps Offer Free Services to Help Those Coping with Coronavirus," *USA Today*, March 25, 2020, https: //www.usatoday.com/story/tech/2020/03/21/health-and-wellness-apps-offer-freebies-coping-coronavirus/2892085001/.

第六章

STFU:

The Power of Keeping Your Mouth Shut in an Endlessly Noisy World

在職場上閉上鳥嘴

這年頭做生意跟以前不一樣了。這年頭出來工作跟以前也不一樣了。按照以前的做法，企業一定要會大聲喧囂創造曝光率。他們會買廣告、設計口號、向全世界傳送訊息。做生意就是要四處廣播、自吹自擂、疲勞轟炸、指鹿爲馬——跳上跳下，揮舞雙臂，大呼小叫來抓住眼球。而且，不僅止於老闆，員工也是同一個德性：爲建立自我品牌，拚命向老闆跟全世界宣傳自我才能，包括在社交媒體上爭求關注。

新商業模式翻轉了這一切。現在不時興向客戶推銷，取而代之的是傾聽客戶需求。從聆聽客戶的談話中，能了解到他們需要什麼，也會知道該替他們解決什麼問題。產品開發講究的是版本迭代和協作、反覆運行實驗、快速失敗並從錯誤中學習。

這種新生意經的問世，有一部分的動力來自於某種轉變：以往，我們賣的是商品，現在，我們賣的是服務。在商品經濟時代，你會先製造出一件商品，然後想辦法爲它找到客戶。現下的服務經濟時代是先找到客戶，接著才著手打造他們所需的商品。這就是「從客戶出發的逆向工程」。

服務需要的是謙遜，而這年頭，什麼行業都可以是服務業。軟體、算力、儲存空間等都是銷售的服務類商品。汽車製造廠曾經滿口售車經，但眼前，他們也意識到自己賣的不是車而是「運輸」這項服務，這與車子完全是兩碼子事。在運輸服務的世界裡，車子不過是有輪子的電腦，業者所賺的錢不是來自「移動一個鐵盒」，而是藉由「透過數位儀表板銷售軟體與各種服務」。就連打造噴射機引擎跟風力發電渦輪的工業集團通用電氣（一譯奇異公司；General Electric），現在也打著as-a-service（XX即服務；XX可以代入各種業務）的旗號，自詡為服務業者。[1]

這種「萬事萬物皆服務」的經濟模式，需要新世代的領導者。過往的老闆是大男人，他們習慣發號「吼」令，活像是派瑞斯島（Parris Island，美國著名的陸戰隊新訓基地）的士官長在訓練新兵。他們自認是什麼都懂的總司令。但今天，我們身處的是一個領導人需要謙虛、沉靜的時代。新時代的領導人要能提問很多問題，要在「追隨」中進行領導，成為一個懂得閉上鳥嘴的領袖。身為麻省理工領導力中心主任的哈爾·葛雷格森（Hal Gregersen），[2]在訪問了兩百名企業執行長後發現，許多受訪者都活在所謂的「執行長泡泡」中，在泡泡裡，他們只聽得到好消息，無法預期問題的發生。但優秀的創新者，如蘋果的賈伯斯或亞馬遜的貝佐斯，他們會透過知道何時該閉嘴並問對問題來突破泡泡。葛雷格森創造了「4-24計畫」，建議企業領袖從每二十四小時中抽出四分鐘，[3]相當於一整年中的一整天去「無所事事」，只問問題。在一個由人工智慧與機器學習所驅動的世界裡，一個被操作的系統比負責操作的人類更聰明的世界中，自認什麼都懂的老闆就和名片與旋轉式名片夾一樣，既荒謬又過時。

能不開口的領袖是衛星碟盤、不是廣播天線：他們聽多於說。他們懂得什麼叫「知之爲知之，不知爲不知」。他們能勝出，是因爲他們能廣納資訊，進行調整，進而比對手反應更快出手更猛。聽得不夠與說得太多是一體兩面，致命程度就在伯仲之間。

在產品開發時閉上鳥嘴

在過去十年間，許多公司都採用了「精益生產」的做法，這種設計新產品的做法講究的是多聽。精益生產使用的是一種「創建—評估—學習」（build-measure-learn）的週期，流程中，你會先創建出一個「起碼可行的產品」，然後聽取客戶的回饋再利用回饋去打造新的版本。關鍵字是聽取，而且這種聽取是常態性的工作。在精益生產的世界裡，不存在「最終成品」的概念。所有產品都得不斷精益求精，都得在出貨後繼續尋求改進，都得不斷增加新功能來配合客戶需求的變遷。每件商品都是永遠的半成品。

Twilio，一家位於舊金山的軟體公司，他們家會每週更新軟體。該公司一談到傾聽，講究的是「露臉」，意思是派工程師出去與客戶坐在一起看看客戶的作業流程。在Twilio的每間會議室牆面上，你都能看見一雙某家客戶寄給公司的鞋——這是爲了提醒Twilio的員工，別忘了要「穿著那家客戶的鞋走路」，卽要站在客戶的立場去思考事情。

Bunq是荷蘭的一家行動銀行業者，他們有很多點子都來自客服部門。他們家的客服人員會先替客人解決問題，然後把需要修改或增加的東西進一步轉達給軟體開發部門。每隔幾週，Bunq的軟體開發人員就會一路步行到附近的一處火車站，隨機邀請路人看看他們研發的產品原型，問問他們有什麼想法。Bunq每週都會更新他們家的app，通常會修改兩到三個小地方，但偶爾也會增加一項大功能。他們家的app從未長期保持不變。

特斯拉也是這麼個做法：你上個月買的車子不是你今天在開的車子，你下個月開的車子也不會是你今天擁有的車子。因爲特斯拉經常隔空推出新版軟體，更新自家的車子，動輒增加新功能，而不是等到幾年後下一代車款問世，才一次加載新的服務功能。從某種意義上來說，特斯拉的車子從來不是「成品」。透過從車子中提取到的數據來判斷要增加什麼新功能，特斯拉就是這樣「聽取」客戶的意見。

特斯拉也採取閉上鳥嘴的策略去行銷和廣告——他們從不花一毛錢在廣告行銷上，而是將那些預算投入到研發中。[4]二〇二〇年，特斯拉執行長伊隆・馬斯克（Elon Musk）解散了他的公關團隊，[5]在他看來，做公關等同把錢丟到水溝裡。儘管在公共場合和推特上，馬斯克活生生是一個令人討厭的大嘴巴和過度推特的惡霸，然而，據說當他跟工程師們聚在一起討論產品開發時，嘴上的拉鍊倒是拉得很緊。「如果你丟一個很嚴肅的問題給馬斯克，他會去思考。他會呈現出一種近乎恍惚的狀態——他會凝視著遠方，進入太虛，而你可以看到他腦中的齒輪在轉動。他正將全副腦力投注在這個問題上。」馬斯克旗下公司SpaceX的工程師賈瑞特・萊斯曼（Garrett Reisman）說。[6]

特斯拉這種「從來不促銷但永遠在聆聽與調整」的商業模式，已經從根本上挑戰了傳統的汽車產業，而同樣的挑戰，也已經來到了各產業面前。在這個版本不斷在更新的世界中，擁有傾聽客戶的能力以及善用客戶回饋迅速改版的能力，比什麼都緊要。

在新商業模式的世界裡，定義了領導力的軟實力與謙遜，這對每個角色而言都不可或缺，而在商務的每個環節中也同樣不可或缺。少說多聽，言之有物，問對問題已經成爲成功的關鍵。硬實力在一份工作做到退休的時代裡確實很重要，然而，在你於退休前會歷經十幾甚至幾十份工作的時代，硬實力的重要性就顯得不那麼重要了。新世界要求的，是你要懂得傾聽、懂得學習。

在銷售中閉上鳥嘴

銷售曾經一度是比誰霸氣的工作。銷售贏家通常是能把死的說成活的那些唬爛專家，是能跟客戶花天酒地的裝熟能手；這些人是靠油嘴滑舌跟威脅利誘，逼著客戶買下不想要或不需要的商品。可是今天，銷售講究更多的是聽而不是說。超級業務員會發問、定義問題、設計辦法去解決問題。

二〇一七年，一家名爲Gong.io（簡稱Gong）的公司使用機器學習軟體分析每一通「業務拜訪電話」，或稱業務電話，目的是找出哪些做法有利於成交，哪些又是在做白工。那套軟體會吸收數以百萬小時計的音訊數據，然後透過資料分析弄清楚王牌業務員的操作方式。Gong會用分析得出的模式去訓練新業務員，也幫助表現較差的業務員改進。

Gong分析了超過五十萬通電話，結果發現，成交率最高的通話是知道如何閉嘴和提問的業務員所打的，而不是那些按稿操課的業務員打的行銷電話。說得更精確一點，表現最傑出的業務員會提十一到十四個左右的問題。少於這個數，就代表你挖掘得不夠深入；超過這個數，原本的業務電話就會變成在審問嫌疑犯了。7

Gong的機器學習還得出另一個結論是，業務電話的效果要好，提問的時機就必須分散在各個不同的時間點上，至於業務用來確認客戶需要解決的問題的特定提問，最好能落在——不多不少——三到四個之間。頂尖的業務會讓電訪過程感覺像是在聊天。他們會花五四%的時間傾聽，四六%的時間交談。吊車尾的業務會有七二%的時間都在說話。

油嘴滑舌跟威脅利誘已經不管用了，現在是多聽少說的業務時代。

在客戶服務中閉上鳥嘴

一般人一輩子平均會花四十三天在電話上枯等。[8]爲什麼？很簡單，因爲排在他們前面的人嘴巴拉鍊拉不上。客服大師麥菈．戈登（Myra Golden）表示，一般的客服電話會比實際所需的時間長兩分鐘。兩分鐘聽起來沒什麼，但加起來很嚇人。戈登平日的工作就是在教導大企業——可口可樂、麥當勞、沃爾瑪——的電話客服人員，如何把這兩分鐘省回來。要做到這一點，她說，客服人員得先學會讓自己閉嘴。她說，客服必須壓抑住衝動，不要跟在氣頭上的人爭辯，也不要跟那些比較客氣的人聊天，否則，他們就會開始聊起他們的家務事，或是關心起你今天過得好不好。這兩種來電者——憤怒型與閒話家常型——都是浪費時間的元凶。我們需要軟硬兼施讓兩種人閉嘴。戈登面對閒話家常型來電的原則是：說話緊湊但不失禮，回答問題要長話短說，不要讓對方岔開話題。交談盡可能簡要，並且不要提供過多的資訊。

至於憤怒型的來電，對方可能會信口開河或誇大事實——「我已經等了半小時了！」一個才等了四分鐘的傢伙說——你就想著「他高興就好」。不要去跟他辯，也不要跟他吵。他們想要宣洩就讓他們宣洩。戈登說，大部分的人再生氣，也會在三十秒後難以爲繼。等他們顯露疲態後，你就搶過主控權，用三個封閉式的短問題殺他們一個措手不及：你的租約號碼？你的發票號碼？你的合約日期？

其實問題是哪三個並不重要。重點是，用問題逼迫他們講出三個事實性而非情緒性的簡短答案。你這麼做是在幫助他們冷靜下來，也是在訓練他們閉嘴。待取得對話主導權後，你就可以著手去解決他們的問題，然後接聽下一通來電。要掌握這門四兩撥千金的客服藝術，首先你得知道如何控制你自身的情緒，[9]並且說話要有重點——也就是要學會閉上鳥嘴。另外，純粹供你參考，你姑且聽之，同樣的技巧也適用於你打客服電話進去的時候。身爲顧客時，一樣可以要求自己長話短說、不要爆氣，同時要言之有物，如此，你就會有比較好的客服體驗。能幫你自己跟所有人省下那四十三天，絕對是功德一件。

閉上鳥嘴作為一種談判工具——

談話中的停頓會讓人感到不舒服，而且並不需要很長的時間。荷蘭的一組研究人員發現只要四秒鐘，人們就會開始感覺到「痛苦、害怕、受傷、被拒」。這種痛苦與不適足以讓沉默變成一種強而有力的談判武器。「我會時刻處於如果你不說話會發生什麼的驚愕中，勝於你開口說話帶來的結果。」嘉文．普雷斯曼（Gavin Presman）這位倫敦的銷售與談判顧問說。

普雷斯曼告訴我，有位義大利企業集團的高階主管試圖說服阿拉伯聯合大公國的一名謝赫（對大人物的尊稱），授予他公司獨家的在地市場准入。普雷斯曼敘述說：「義大利高管走了進去說，『好的，那麼這是我的條件。』謝赫答，『這不太對吧。』

義大利人沒有接話。他只是坐在那兒。僵局就這樣持續了二十五分鐘，這簡直要他的命，但他逼自己沉住氣，一副看起來氣定神閒的模樣。最終，謝赫開口了，『好吧，我跟你做這生意。』」

掌握暫停的力量，可以讓你從低薪變高薪。事實上，求職者在談薪水時所犯最大的錯誤就是「他們不知道怎麼閉嘴」，凱蒂·唐納文（Katie Donovan）說，她經營了一家名為「同酬談判」的顧問公司，其宗旨是要教人——特別是女人——避免在薪資上被占便宜。唐納文的教練課程有一大部分是在教導求職者如何發展出自律，利用沉默來獲致在談判中的施力點。這談何容易，因為大部分的人都受不了長時間不交談所造成的尷尬與不快。

「我們討厭靜默。我們會感覺必須把空白填滿。」唐納文說。但如果你棄守沉默，你就輸了。人最終的談判對手不是別人，而是自己。唐納文形容了一個常見的場景：招聘者提出待遇，然後沉默不語。求職者不滿意待遇，但隨即因為靜默帶來的緊張而開始說服自己接受。不用懷疑，求職者真的會立場錯亂地做起招聘者的工作，列出所有他們應該委屈求全的理由：通勤時間短、職涯發展有空間、可以學到新技能、能讓履歷比較好看等。「這種事一星期七天，天天都在發生。」唐納文說，「我的課程會教你別在談判時扯自己後腿。我要求人閉嘴，主要就是在解決這個問題。」

她用一個例子說明了我們該如何拿到符合身價的待遇。初入社會時，唐納文得到一個內定機會，開始談起了薪水。負責招聘她的副總使出了談判時常見的老把戲，就是用截止日期來創造緊迫感。他把會議時間訂在星期五下午四點——人力資源部典型的施壓舉措——然後開出給唐納文的條件，同時來了一記回馬槍說，「我需要妳今天就答覆我。」唐納文表示她會好好考慮，下週回覆他。接著——關鍵來了——她沒有站起身來。她只是坐在那兒。暫停變得愈來愈尷尬，她逼自己要沉住氣。最終，副總打破了僵局。他提高了待遇，但仍堅持這條件必須是她當場答應才能生效。「我很感謝您的賞識。」唐納文說，「我會好好想想，下禮拜回覆您。」然後又一次，她沉默了下來，在那兒靜靜坐著。副總逕自離開了辦公室。幾分鐘後，他回到房間，帶來了更優渥的條件，此時那個內定職務薪資已是原本待遇再加上兩成。

她接下了這份工作。

「如果你想要某樣東西，」唐納文說，「就安靜一點。安靜才能讓你如願以償。」

在公開演講時閉上鳥嘴

蘋果執行長賈伯斯生前是公開演講者中的一時之選。而那完全得歸功於他知道如何閉上鳥嘴。他掌握了暫停的力量。

想上一堂大師級的簡報課，你可以登入YouTube，看看在二〇〇七年的那場發表會上，賈伯斯是如何介紹iPhone出場。要知道iPhone可是蘋果公司史上最重要的產品，沒有之一。大部分專題講者都會跳到舞台上，彷彿他們是益智節目的主持人，笑容滿面又活力滿滿，外加一些咚咚咚的背景音樂，拚了命想要帶動現場氛圍。賈伯斯完全反其道而行。他靜悄悄地走了出來，現場聽不到任何音樂。會場安靜到你可以聽到他的New Balance運動鞋踩在舞台上，一步一腳印的聲音。他臉上沒有笑容，甚至沒有看著觀眾。他低頭看著自己的手，活像個靜坐的僧侶，深陷於思索。他一共踏出了八步，從頭到尾花了整整八秒鐘。然後，他轉身面向觀眾，說出了一句話：

「這一天，」他說，然後暫停，「我等了，」他說，又暫停，「兩年半」。

接著，他又閉上嘴巴，暫停了下來——這一停又是六秒。

就這樣，你上勾了。你沒辦法移開目光。你開始巴望起他的每一個字。賈伯斯是簡報演練魔人。他練習過每一個字、每一個步伐、每個暫停。更有趣的是，賈伯斯在台上與台下判若兩人。台下的他習慣大吼大叫：衝動、大嗓門、急躁、易怒。但一遇到需要發表演說，他又能把暫停與句點這門藝術玩到淋漓盡致。你也可以學習他這點。

即便只是在幾個人面前做簡報，你也可以嘗試關上嘴巴幾秒。這做起來其實並不容易。因爲你要說它有多反直覺就有多反直覺。你向來光是看著那些坐在台下望著你的人，你的心跳就會加速，你的身體就會開始分泌腎上腺素。你的大腦會頻頻催促你說點什麼，什麼都好。但請忍住。請先數個幾秒，你不需要像賈伯斯一樣撐到八秒，但你會希望聽眾意識到冷場並朝你看過來。你會希望他們聽見你要說的內容，而且，聽完後會記住。

賈伯斯明白會說話意味著少說話的道理。他是個手起刀落的編輯者，他永遠在追求用更少的字數表達出自己的意思。他也明白字與字之間留白之重要性，絕不亞於字句本身。

話多是職涯殺手——♥

蘿賓是我的一個朋友，她近十五年裡做了十一份工作。其中一份工作她幹了五個月，另一份她撐了八個月。蘿賓擁有美國頂尖大學的ＭＢＡ學位，但同時也是個口無遮攔的人，她的同事都覺得她很顧人怨。有回，她跟一群同事聊天聊到產自加州、紅遍美國的是拉差（Sriracha）甜辣醬以及這種醬的各種創意用法。

「但你們知道是拉差甜辣醬不應該用來幹嘛嗎？」一個同事問。

「打手槍嗎？」蘿賓脫口而出。

現場瞬間鴉雀無聲，沒有人笑得出來。那之後不到一年，她就又換到了新的職場。她沒有因爲是拉差醬的失言丟掉工作，但同等級的失言大概有幾十個。口無遮攔者往往聰明絕頂且腦筋動得飛快，問題是，他們的反應快到欠缺一個過濾器。他們的腦子生出一個點子，然後咻——就飛了出去。即便他們知道某句話說出去會出問題，他們也忍不出要講。時間久了，這些帶刺的話跟不得體的言論便會愈積愈多。

在職場上無法管好嘴巴的人會被同事討厭。同事們會祈求有一天多話者不會進辦公室，然後他們會「慶祝起這些可以毫無顧忌自在談天的日子，並討論著沒有多話者在場的辦公室是多麼的平靜」，摘自研究報告〈強迫症說話者：多話者在職場上的形象〉10（Compulsive Talkers: Perceptions of Over Talkers in the Workplace）。這篇報告出自傑森．艾克索姆（Jason Axsom）之手，他是內布拉斯加大學傳播系的研究生。艾克索姆說，在他做過的每一份工作中，都至少會有一名同事話多到讓所有人發瘋。他認為這個問題很普遍，並希望多話者能體會到他們對他人造成的痛苦有多大，進而有動機去改變。

「我覺得如果我們能搞清楚強迫症多話者在想些什麼，也許我們就能提供一些指導與方向來幫助他們，讓他們的強迫症行徑可以獲得改善。」他告訴我，「假使我們能證明多話的行為對職涯發展有多大的殺傷力，那麼解決之道或許會應運而生。」遺憾的是，目前仍沒有人研究出一套可讓多話者遵循的療程。他們仍繼續遊走在企業界，所經之處只留下痛苦和虛耗的生產力。

艾克索姆的報告已經被下載了近兩千次，以研究生的論文而言是非常驚人的數字，顯見，有多少人急於尋找辦法去解決多話者這個問題，畢竟，他們也不想走到最後一步：割掉那些人的舌頭。

艾克索姆訪問了十五個人，背景有行銷、金融、教育、會計、廣告、零售；受訪者有些是高階幹部，有些是基層時薪員工。有的在《財星》五百強的企業工作，有的受僱於中小企業。還有一名是教授。他們的共通點是，都提到有同事在大廳裡遊蕩尋找新的受害者，就像活屍在尋找新鮮大腦一樣。話癆會一遍遍重複相同的故事，他們用讓人不舒服的方式分享了沒人想知道的事，而且，那當中不光有他們自己的私事，還有他們親朋好友乃至於素昧平生之人的事。他們的嘴沒有下限。強迫症多話者欠缺「讀空氣」，也就是看臉色的能力。即使同事已經大動作掀開筆電開始打字，他們也無法領略那當中的弦外之音。

艾克索姆發現，話癆通常給人的第一印象都不錯。他們既熱情又風趣。他們很會說故事，畢竟他們練習的機會比一般人多。他們也喜歡做簡報。「我注意到所有人的共通點是一開始他們都很受人歡迎。」艾克索姆告訴我，「他們給人的印象是能幹又聰明。但時間久了，故事開始重複了，大家的生產力被他們拖下水了。人們會從認爲這些人友善好相處到變成『這樣下去不是辦法』。他們會開始覺得這個人好像不如想像中聰明。」

所以說，強迫症多話者不太容易獲得晉升：「強迫性的行為會讓多話者困於目前的位置，沒有機會更上層樓。」艾克索姆寫道。強迫性多話者會成為過街老鼠，就連喜歡他們的人也會開始避開他們。同事會假裝有會議要開，只為了逃避跟他說話。他們會朝反方向走或要求換到別的隔間。

可悲的是，有些話癆拒絕改變。艾克索姆說了一個故事：有個人被升任為五人小組的主管。這位新主管是個很有才華的人，卻也是個喜歡東拉西扯的人。他經常跟團隊成員說話，天南地北地聊著他當天生活中的大小事，想到什麼就說什麼。這主管以為他是在當個親民的好長官，他的團隊卻想把他從屋頂扔下去。他們有太多時間在聽這位主管的長篇大論，以至於工作都做不完。部分小組成員挫敗到開始騎驢找馬，打算另謀高就。最終，他們集體向高層提出了申訴，結果多話的主管有兩個選擇：要嘛學著閉嘴，要嘛被拔掉管理職。有趣的事來了：他選擇降職，並發誓再也不當主管了。他寧可犧牲自己的職涯，也沒有話癆的病識感。

艾克索姆的報告之所以突出，最重要的一點是，受訪者聲音中那絕望與煎熬的口氣。那些受訪者簡直是把研究的訪談當成了心理療程。「他們焦急地想要吐露心聲，一講就是一個小時，全程掏心掏肺。」艾克索姆回憶道。受訪者描述了他們那種如同犯人被囚禁的感受，那種被折磨卻又無處可逃的苦楚。有些人許願他們的話癆同事可以被開除，有人甚至考慮離職只爲了遠離話癆。「請把他們帶走。」一名女性哀求。艾克索姆驚訝於他們的反應會如此強烈：「某種程度上我覺得很難過，因爲他們在向我求救，但我卻無計可施。直到現在都沒有。」

在會議中閉上鳥嘴——

會議上，人爲分兩種——一種人喜歡開會，另一種人腦袋沒壞。目前占上風的是前者。

美國人每天要忍受超過一千一百萬場會議，全年不下十億場——當中有成效的僅百分之十一。換算下來，就是有二百四十億個小時被徹底浪費掉了，財務損失高達三百七十億美元。一項研究發現，上班族平均每個月要開六十二場會，且與會者中，有半數宣稱那些會是徹底的浪費時間，三成九的人承認在會議中**打瞌睡**。這還不是最大的問題：自二〇二〇年以來，美國人花在會議上的時間呈現每年八到十趴[11]的成長。一對一的會議在過去短短兩年間成長了五倍，而且並非巧合地，每天的平均工時也增加了一點四小時——美國人現在的週工時平均是四十四點六個小時。[12]

這簡直是瘋了。因此，會議或許是我們在職場上練習閉上鳥嘴最好的機會。下面有幾招供大家參考：

- **會議能小則小。**「會議的價值遞減」與「與會者人數的平方」成正比。亞馬遜遵循的政策叫作「兩片披薩原則」，意思是如果你需要兩片以上的披薩才能餵飽會議中的每個人，那這場會議的人數就太多了。換算起來最多大概是十個人。收到大型會議的開會通知能閃盡量閃，實在閃不掉至少要自我克制，[13]不要在會議上加入無意義的冗言贅語，而且不要害怕早退。「只要你顯然無法在會議上增添任何價值就立馬走人，或是登出連線。」特斯拉執行長馬斯克如此建議，「離開並不失禮。讓大家留下來浪費時間才叫失禮。」

- **會議能短則短**。我們很多人都預設會議要半小時起跳，但理想的會議長度是十五分鐘。在十五分鐘的會議裡，九成一[14]的人可以保持專注，一旦過了十五分鐘，這個比率就會開始下降。
- **說不**。只因爲你受邀赴會，不代表你就一定要出席。拒絕人需要勇氣，但只消一個理由——「我忙翻了，但我之後會聽錄音。」——就可以幫自己解套。
- **問自己所為何來**。在會議上開口之前先問自己一聲，我為什麼要說話？

以下的問句可供你參考：

我這發言可以達成什麼目的？

起了這個頭，我有辦法延續對話嗎？

我有爲某人的發問提供答案嗎？

我想說的話重要嗎？

現在是提起這事的時機跟地點嗎？
我是在表達意見還是在陳述事實？
這問題我有仔細思考過了嗎？
我有辦法言簡意賅嗎？
現在輪到我說話了嗎？
我是提出這個論點的合適人選嗎？抑或我應該鼓勵別人對此發言？
這話有別人已經說過了嗎？
我是不是爲了說而說？
我是不是想在人前求表現？
這話沒人說，會有差別嗎？

能通過「所爲何來」篩選的發言不會太多。也就是說，你會有很多時間在會議上一聲不吭。重點在於你不說話時，不要放空，也不要臭臉。不論誰在發言都務必專心聽，投入對話，隨手筆記，面帶微笑，點頭附和。用身體語言與臉部表情讓人看到（並相信）你沒在恍神。

- **傳球要快。**使用即興喜劇中的「沒錯，而且……」技巧：一開口，先附和在你之前發言者的意見，加上你自己的看法，然後盡快把球傳給下一個人。
- **改用電子郵件。**關於開會，最多人抱怨的就是那其實是一封電子郵件就可以解決的事情。[15]眞的有需要把一大堆人拉上Zoom，只爲取得一份文件的回饋，或爲了讓他們更新一下現況嗎？很多你需要說的話，其實都可以放進短短一封電子郵件內、或通訊軟體的一則群聊訊息中。

如何讓多話者閉嘴

掌握了在工作場合中閉上鳥嘴的技巧之後，你會創造出一個新的問題：所有其他的多話者會讓你發瘋。你就像剛戒菸成功的人，現在，你恨死了所有抽菸的人。

此時的你，需要學習一種新技巧，就是如何讓其他人管住自己的嘴。哈佛最近的一份心理學研究發現，有近三分之二的對談時間比其中一名說話者希望的來得長。如果你已經是閉上鳥嘴的大師，那你就會是其中那個很想離開、很想結束對話的人。

那具體而言，你要怎麼脫身呢？溝通學者建議使用各種「閉幕儀式」與「言談布局」，像是「今天跟你聊到天，眞的很開心」、「我三點有線上會議要開」或更委婉一點的「所以，總之……」。你也可以直接擺明無心往下聽了：「嗯哼。是喔。原來。」然而，這些技巧都屬於戰術層面，且其有效前提是在跟你談話的是正常人。遇到慢性的硬核多話者，你要過關可就沒那麼容易了，你必須祭出鐵腕手段：

- **偷襲**。這招有點不講武德。丟一本《閉嘴的藝術》到他們的桌上，在你正在讀的這一頁加上書籤，並／或附上一份傑森．艾克索姆的報告，讓他們知道多話者在職場中是什麼評價。
- **逃**。如果你遇到自大型多話者，那就只能逃了。你可以嘗試溫和地進行干預，但如果沒奏效，就趕緊找個理由逃跑。假裝你手機在響需要去回個電話；或乾脆別演了，直接說「抱歉，我得走了」效果也會很好。粗魯就粗魯，無妨。他們不仁在前，你自可不義在後。再者，他們多半自我中心到看不出別人在嗆他們，就算他們注意到了，那就注意到了吧，說不定那正是他們改變的契機。

- **善用肢體語言**。往後退；微微轉身；避免眼神接觸；拿手機起來看。如果你面對的多話者還不到病入膏肓，他們就應該能看懂你的意思。要是這樣還看不懂，那就做到讓他們看得懂。把自己想成是一名拳擊手，你不會想被困在擂台的角落。你要保持腳步的移動，把對手耍得團團轉，然後慢慢脫身。
- **打斷對方**。用來對付打斷者的肢體語言，在此也可以派上用場——舉起手掌，伸出食指，這次要扮演打斷者的，是你。
- **點煞**。在面對緊張型多話者，也就是那種有社交障礙，多話是爲了緩和自身情緒者時，你可以想像自己是他們的幫手而非敵人。拿出你宛若公共廣播電台主播的平穩聲音，輕聲細語讓他們平靜下來。首先，讓他們知道他們說的話你都聽到了，然後，再將他們導向不同的方向。你不是在緊急煞車，你只是一踩一放、一踩一放地「點煞」把車速慢下來。「那還眞有趣。你知道，我有事想跟你說。」此話一出，對話的主控權就落回你手裡了。接著，你可以提出一個需要他們停下來思考的問題，帶領他們跟隨你的節奏，比如「我前幾天讀到一篇文章，講的是現在很多人都在從都市撤離，因爲遠距工作的人愈來愈多。類似蒙大拿波茲曼市的地區愈來愈夯。我在想，要是不考慮現實因素，我會搬到哪裡？你有想過這個問題嗎？」

- **預先建立界線**。遇到地獄來的乘客坐在你旁邊時，最適合搬出這一招。經常在坐飛機時，我們會遇到那種一直跟你搭話的傢伙，放任他們不管，他們會在六個小時的航程中說個沒完，因此，先發制人很重要。「我眞的很需要補眠」或「很抱歉，我在降落前要趕完一份報告。」

- **打造一座停車場**。利用這招，你可以防止多話者在工作會議上脅持整場對話。首先要確立你召集會議要討論的主題。偏離主題時該怎麼辦呢？「那件事我們先把它擺到停車場吧。」這比要對方閉嘴客氣，但意思是一樣的。

- **跟你的多話者對話**。如果多話者是你長年有這問題的親朋好友，那麼光是「機會教育」就會顯得不足夠。你需要的是一種可以釜底抽薪的治本之道。私下找對方聊聊，用平和的口吻、不帶脾氣地跟對方解釋這個問題，並展現你願意幫他一把的誠意。我認爲有很大的機率，你的多話者親友本身也想要改變。

- **建立暗號。**我有個朋友和她多話的老公一起研發出一個暗號，爲的是幫助他應對團體性的場合：當他正要開始滔滔不絕之際，她就會把手搭在他的手上。我喜歡這種技巧。她沒有讓老公難堪，也沒有引人注意到她老公的多話；相反地，她用肢體表達了親密的姿態。

閉上鳥嘴是一種個人品牌——

十年前，一家軟體公司的共同創辦人跟我說，他評估人的價值是看其推特的追蹤者有多少。這種想法顯然非常荒謬。大部分《財星》五百強企業的執行長根本不上推特。那我們要怎麼評估他們的價值？零嗎？

但他的員工對他這套理論深信不疑，並開始把自己變成嘉年華會的狂歡者，拚了命地在推特跟臉書上發言，試著建立起自身的品牌。在四年間，該公司的行銷長製作了兩百二十五集完全沒人看的視訊podcast，至於後續追加的音訊podcast頻道，在歷經六年的努力後，好不容易爬到了全球第九千零九十名受歡迎的podcast電台。他的社交媒體經理每小時發布一條推文，一天二十四條推文——建構了她的日不落推特帝國。公司的客服團隊製作了惡搞影片，他們在影片中改編嘻哈歌曲，用自行創作的歌詞，唱出了又酷又潮的新創公司人生。

我們已經被成功洗腦的一個觀念是，我們必須擁有自我品牌，而在一個你必須每幾年就換一個工作的世界裡，這觀念或許也不能說是全錯吧。但我們建立品牌的做法實在有待商榷。我們不斷試圖在一片吵雜聲中突圍，然而，在這麼做的過程中，我們只是在將噪音的背景音量往上帶而已。

我這兒有個新穎的想法。在一個所有人都在聲嘶力竭呼喊的世界裡，想要脫穎而出最好的辦法，或許就是閉上鳥嘴。以能身處安靜的能力跟實際的成就去建立品牌。對自己的能力要有足夠的安全感和信心，這樣，你就不需要在社交媒體上到處奔波、拼命地自吹自擂尋求關注，同樣也會被人看見。

有一位服務於某大型軟體公司的「數位福音長」，他每天會發超過一百條推文。但他所有的推文內容都與公司無關，也跟軟體產業無關。他推的，都是些索然無味的雞湯文：大人物的格言、可愛動物的影片、與機器人相關的事物、各類成功人士所具備的特質清單，以及他自己寫的假智慧金句，例如「你不等於你的工作」或「說話簡單的才是聰明人」。他是一人「內容農場」，形同會行走的Buzzfeed，憑一己之力，就能源源不絕地輸送腦糞肥料進推特因飢腸轆轆而張開的大嘴中。他反覆地發同樣的推文，我猜他可能使用了自動化軟體去轉推自己的推文。他有將近六十萬追蹤者並自稱是「推特名人」。在過去六年中，他跟另一名自稱「定調者、未來學者、挑釁者」的推特狂產出超過兩百五十集YouTube節目。最新的一集有八次觀看。另外一集有二十二人次觀看。16

拚了命想獲得關注的行爲，已經開始顯得過時且愚蠢——就像那些瘋狂的新創公司會在辦公室裡放桌球桌、詭異的裝飾，還有免費的零食一樣，那在十年前是一股風潮。在某個程度上，我們都中了一種毒，叫「閃亮新玩意症候群」。網路給了我們各種新管道去放閃、去炫耀，而我們也決定把這些管道用好用滿。我們在愈多地方說愈多話肯定就是愈好。或至少我們以爲是這樣。

謙遜的領導人比愛秀的領導人表現更好。一項研究追蹤了一百二十支團隊的四百九十五名員工，結果發現最傑出的團隊「有態度謙遜的領導者——他們有自覺、會肯定旁人的優點跟貢獻，且接受回饋」。謙遜的領導者所創建的團隊有幾個特色，首先，壓力值比其他隊伍低百分之七十五，[17]生產力高百分之五十，過勞的比例低百分之四十。愈來愈多公司拋棄了領導者必須是有魅力、愛出風頭的傳統觀念，我們現在擁抱的新觀念是：領導力是一種安靜、謙遜的追尋。

能閉上鳥嘴的領袖會啟發出能閉上鳥嘴的企業，因爲上行自然下效。拚了命自我宣傳的人已經退流行了。願意承認自己不知道答案，並把功勞歸給知道之人的做法，才是當紅的領袖之道。謙遜已是當今受追捧的領袖特質，乃至於現在的招聘者會將其納入人格特質的評估項目中。巴塔哥尼亞（Patagonia）這家以其卓越的企業文化而聞名的服飾公司，篩選人才的標準正是視其謙遜與否；總部位於孟買的世界級豪華連鎖酒店泰姬陵（Taj Hotels）也是如此。[18]

很快地，我們可能就會回顧過去的十五年，並覺得那是一段奇葩時期，一個職場暫時性失心瘋的年代。如果你真的想鶴立雞群，想讓頂頭上司注意到你，想提高你升遷的機會，那就給我安靜、給我謙虛。

在團隊裡，當那個知道如何閉上鳥嘴的人。

---

1 **bills itself as**: Derak du Preez, “GE Staying Current by Becoming an ‘As-a-Service’ Business, *Diginomica*, April 29, 2019, https: //diginomica.com/ge-staying-current-by-becoming-an-as-a-service-business.

2 **Hal Gregersen**: Hal Gregersen, “Bursting Out of the CEO Bubble,” *Harvard Business Review*, February 21, 2017, https://hbr.org/2017/03/bursting-the-ceo-bubble.

3 **four minutes out of every twenty-four:** The 4-24 Project, https: //4-24project.org/.

4 **plowing that budget into research**: Steven Loveday, “Tesla Spends Least on Ads, Most on R&D: Report,” InsideEVs, March 25, 2022, https: //insideevs.com/news/575848/tesla-highest-research-development-no-ads/.

5 **got rid of his public relations team**: Fred Lambert, “Tesla Dissolves Its PR Department—A New First in the Industry,” Electrek, October 6, 2020, https: //electrek.co/2020/10/06/tesla-dissolves-pr-department/.

6 **engineer at one of Musk’s other companies**: C. W. Headley, “Steve Jobs Once Did This for 20 Seconds and It Became a Legendary

Power Move," Ladders, December 14, 2020, https: //www.theladders.com/career-advice/steve-jobs-once-did-this-for-20-seconds-and-it-became-a-legendary-power-move.

7 **call starts to feel like an interrogation:** Chris Orlob, "This Is What a 'Deal Closing' Discovery Call Looks Like," Gong, July 5, 2017, https: //www.gong.io/blog/deal-closing-discovery-call/.

8 **spend forty-three days**: "Hold Up—More than 80 Percent of People Are Put on Hold Every Time They Contact a Business," Talkto, Cision PR Newswire, January 23, 2013, https: //www.prnewswire.com/news-releases/hold-up—more-than-80-percent-of-people-are-put-on-hold-every-time-they-contact-a-business-188032061.html.

9 **knowing how to control your own emotions**: Myra Bryant Golden, "Customer Service: Call Control Strategies," video tutorial, LinkedIn, August 14, 2019, https: //www.linkedin.com/learning/customer-service-call-control-strategies/give-a-limited-response?autoplay=true&resume=false.

10 **Axsom's paper**: Jason R. Axsom, "Compulsive Talkers: Perceptions of Over Talkers Within the Workplace" master' s thesis, University of Nebraska at Omaha, 2006, https: //digitalcommons.unomaha.edu/studentwork/205/.

11 **8 to 10 percent each year**: "Minutes (Wasted) of Meeting: 50 Shocking Meeting Statistics," *BOOQED* (blog), n.d., https: //www.booqed.com/blog/minutes-wasted-of-meeting-50-shocking-meeting-statistics.

12 **averaging 44.6 hours a week**: "Productivity Trends Report: One-on-One Meeting Statistics: Reclaim," RSS, n.d., https://reclaim.ai/blog/productivity-report-one-on-one-meetings.

13 **resist the urge**: Gino Spocchia, " 'Walk Out of a Meeting' : ElonMusk' s Six Rules for Staff Resurfaces," Yahoo! News, April 28, 2021, https://money.yahoo.com/walk-meeting-elon-musk-six-154936765.html.

14 **91 percent of people**: Flynn, "27 Incredible Meeting Statistics."

15 **most common complaint**: Flynn, "27 Incredible Meeting Statistics."

16 **Another got twenty-two**: "Constellation Research," YouTube, https: //www.youtube.com/c/ConstellationResearch/videos.

17 **75 percent less stress**: Brian O'Connell, "Hail to the 'Humble' Manager," SHRM, July 6, 2021, https: //www.shrm.org/resourcesandtools/hr-topics/people-managers/pages/managing-with-humility-.aspx.

18 **global luxury hospitality chain**: Sue Shellenbarger, "The Best Bosses Are Humble Bosses," *Wall Street Journal*, October 9, 2018, https: //www.wsj.com/articles/the-best-bosses-are-humble-bosses-1539092123.

第七章

STFU:

The Power of Keeping Your Mouth Shut in an Endlessly Noisy World

在家閉上鳥嘴

我女兒快抓狂了。她有一篇英文課的報告兩天後要交，而她對於那些英詩完全沒有任何心得感想。這樣下去，她這次的作業會拿鴨蛋，而鴨蛋會拖累她的GPA平均分數，說不定，她就進不了大學。

她十六歲，今年高三。我想替她解決問題，告訴她怎麼做這份作業。我向來都是這麼做的。不過你知道嗎？我每次這麼做都沒有效果。我愈是想要幫忙，她就愈沮喪。所以，這次我嘗試了不一樣的做法：我坐在那兒，閉上了我的鳥嘴，告訴自己，聽就好了，女兒一定會自己想出脫困之道。這個過程很煎熬。我內心的多話渴望不知道有多麼想掙脫牢籠。但這次我是吃了秤砣鐵了心，不開口就是不開口。

終於，她注意到我異常的安靜，主動問起了我，「你在幹什麼？你爲什麼只是在那兒呆坐著？」

「我在聽啊。」我說。

「你才沒有在聽。你在看手機。」

「我沒有在看手機。」我說。

我早就刻意把手機放在茶几上，手根本搆不著。

「你在無視我。」

「我要是想無視妳，我幹嘛不離開房間。」

「嗯，但你也沒有要幫我啊，所以我想你是不在乎吧。」她說。

「我知道妳心情不好。」我說。

「還用你說。」她說。

她笑了，我也是。

慢慢地，她平靜了下來。原本愈轉愈快的焦慮之輪開始慢了下來。然後，她開始說起了她真正的問題，而問題的本體並不是英文報告。真正的問題是十六歲的她發現，成人的世界正朝她失速直衝而來，如同所有正常的孩子一樣，她也害怕自己還沒有準備好。她就快要考學力測驗SAT了。接著，她就得申請大學。她害怕，她不只怕自己申請不到大學，更怕萬一申請上了，自己能不能在大學裡存活。

地平線的另一端是身影愈來愈大、遼闊而未知的成人世界。妳從小都在唸著想趕緊長大，長大了，妳就可以獨當一面，但如今，站在長大的門檻前，妳突然發現自己好像猶豫起來了。然而，來不及了，妳已經沒有回頭路了。所以，準備好了也好、沒準備好也罷，去吧，人生從來就沒有準備好才發生的事。

這些都不是我能解決的問題，但她橫豎也沒有要我替她解決。她只是需要知道她有權利害怕，她只是想知道，不論生命準備了什麼關卡給她，她都無需一個人去面對。

閉上鳥嘴：你不是世界的中心——

閉上鳥嘴眞正的超能力在於它除了可以幫助你自己以外，還可以幫助你去幫助其他人，讓他們的人生變美好，讓他們變幸福。閉上鳥嘴是關於讓你建立起更強韌、更健康的人際關係，而且對象涵蓋你生活中的每一個人。

你的出發點可以跟我一樣，只是希望管好自己那張很難管住的嘴巴，並且趨吉避凶。你會意識到不輕易開口之後可以帶給你的很多好處。你跟人談判可以不吃虧，你有機會出落得快樂一點、健康一點、聰明一點。這些都是很棒的事。但更進階的做法是，你可以利用不多嘴去協助你的孩子成長爲成熟的大人，讓他們遇事能自己解決，能做出好的決定。再者就是閉嘴也可以讓你撫慰到正歷經難關的親友。

像我與女兒的這種互動，就可以解鎖一種更深層的溝通，讓我們父女間建立起更強的連結。你不會在那兒長篇大論，但你也不會顯得被動。你會表現出某些學者口中的「積極性沉默」，這種無聲勝有聲的做法，不時可以盡在不言中地傳達更多的資訊。

閉上鳥嘴這件事在涉及人際關係時，可以分成兩類，一類是戰略性的，另一類是戰術性的。戰略型的對話就像是我與女兒的那種，當中，你鎖定要解決的是更深入、更長期的問題。戰術型的閉上鳥嘴，則是你要去解決手邊的問題。比方說：偶爾，你確實需要幫忙孩子寫出那篇報告。我兒子比較內向，跟他母親一樣。但如果我問他開放性的問題，然後把空間讓出來——只要我克制住下指導棋的衝動，僅扮演鏡子的角色去反射他的靈感——我就能成功讓他開口。

「你最近在忙什麼？」某個星期二早上，我在開車送他去上學的途中這麼問他。他有一篇報告要寫，他咕噥著。他已經擬了一份草稿，但內容有些淩亂。要是以前，我肯定會開始用各種大小招數轟炸他。但新的我只是問了他一句，「什麼樣的報告？」然後把發言權交給他。他花了二十分鐘向我解釋一種名爲「農耕／語言擴散假說」的理論，談的是人類的語系如何跟隨著農業一起擴散出去。我問了幾個問題，我知道他會一邊跟我解說事情的前因後果，一邊慢慢地釐清自己該怎麼寫這份報告。等到我在校門口放他下車時，他已經解決了自己的問題。

感覺上，我好像什麼事都沒做——因爲我沒有說太多話。但這就是所謂的「積極性沉默」，一種以退爲進、刻意營造的安靜。我的沉默，給了他途徑自行把問題梳理清楚。那天早上，我又習得了一種閉上鳥嘴的變奏。

某些戰術性的對話會演化爲戰略性的對話。如果你讓某人開口，然後把路徑讓出來，那麼對方往往就會自行涉足深水區，聊起更加困難也更加要緊的內容。你唯一要做的就是壓抑好爲人師的衝動。如果你是某件事情的過來人，你認爲聽聽你的經驗可以幫助到他們，那你可以提供這個選項給他們，但不要強加給他們，等他們問了再說，要是他們沒問，你就不要多話。

我並不是閉上鳥嘴的天生好手。看著以前拍攝的家庭錄影帶，我會一陣瑟縮：我看到的是一名家長在讓他的孩子一整個激動起來、興奮起來。在我家孩子大部分的生命中，我都是那個不停在布道跟說故事的老爸，我會從一個主題跳到另一個主題，直到我已經不知道自己在說什麼了，才會反過來問孩子說，「等等，我們是在討論什麼？」

這個嘛，我們什麼都沒有在討論。

我們大多數的人都會掉進對孩子說太多話的陷阱。我們會在應該貼著椅背端坐好的時候往前探頭探腦。根據研究顯示，實則安安靜靜的親職效果最好。你不需要對大小事都有意見。就算是你有意見，你也不必然得說出來。你更不用對每個問題都抱有答案。而且老實說：誰能對每個問題都有答案？

關掉你的星戰光劍，你會發現自己強大到不可思議。

要有勇氣說出身爲家長最有力量的一句話：「我不知道。」

閉上鳥嘴的家長

你應該聽說過所謂的「鏟雪機家長」，就是那種會跳出來替孩子排除障礙，闢出一條坦途的爸媽。還有就是所謂的「直升機家長」，他們會盤旋在孩子的上空，好確保他們無慮無憂。此外，「虎媽」們則是會無時無刻不盯著孩子、纏著孩子。虎媽的孩子，一天有四十個小時得寫作業或拉小提琴。

我提議我們來創造一種新的家長：閉上鳥嘴的爸媽。

不算太久以前，爸媽不說話是常態。身爲爸媽的人都很忙。他們有正事要幹，又或者他們只想在客廳裡坐著喝馬丁尼看報。沒有人覺得他們非得讓孩子有事做或不無聊。「養兒育女」一詞——parenting——也是在一九五八年後，才被收錄進字典裡的新概念，而其眞正普及，更要等到一九七〇年代。[1]在那之前，「家長」是一個名詞，你生了孩子就是家長，此外，沒什麼事情需要你特別去忙。

沒想到的是，養兒育女後來演變成一項專業。亞馬遜上的育兒書籍有六萬多本。而現在還愈演愈烈衍生出：密集育兒養成術。鋼琴課、游泳班、足球練習、空手道訓練、校隊的巡迴比賽、「公文式教育」（Kumon：由日本人公文公創立於大阪的一種教育方式，後來成為一種教育理念跟品牌被引進到各國）、「可汗學院」（Khan Academy：免費教育資源網站，概念上是一種二十四小時的線上家教）。在我所居住的波士頓，瘋狂的家長（包括曾經的我太太跟我）晚上會送孩子去上簡稱「俄數」的俄羅斯數學學校。眞的過多了，我們都心裡有數。但我們都不敢不這麼做。這個世界一天比一天競爭，各種貧富差距愈來愈M型化。我們就怕孩子哪一天會淪爲下流階層。[2]

然而，就在想幫助孩子的過程中，我們迷失了方向。我們所做的只是在把孩子逼瘋，只是在幫倒忙。我們造成他們沒時間去發展他們長大成人後會用得上的技能，像是解決問題、發揮創意、獨立思考。我們以爲我們是在武裝他們，讓他們爲成年做好準備，實際上，我們是在扯他們的後腿，在剝奪他們摸索與學習的機會。

我們也在傷害他們的創新能力。自一九九〇年起，美國孩童的創造力就在不斷破底，以至於美國面臨了威廉與瑪麗學院（College of William and Mary）金慶熙教授（Kyung Hee Kim；音譯）口中的「創意危機」，她是位專攻創意研究的專家。

我們用來折磨孩子的教育體系已經完全變成在訓練他們精通標準化的測驗，這種改變「已然壓縮了孩子去玩耍的時間，而這一點，壓抑了他們的想像力……讓在學的孩子沒空去深度思考或探索概念。」金慶熙說。[3] 但是若考慮到未來數十年的人生，創意才真正是孩子們最需要發展的能力。創意才是機器人跟機器學習無法取代的東西。

嘮叨：不可承受之沒重點——♥

美國公共廣播電台的科學記者麥克蓮・杜克萊夫（Michaeleen Doucleff）建議，我們可以向原住民文化效法學習。要知道原住民家長從未忘記要「少插手」，而這麼做受益的是孩子。我們的孩子成長在非常不一樣的世界中，身懷不一樣的目標跟期許。杜克萊夫以其親身與原住民相處過的經驗指出，我們可以學習墨西哥的馬雅人家庭、極圈內的伊努特人家庭，還有坦尚尼亞的哈扎比人（Hadzabe）家庭。原住民孩子比較快樂，在行爲上也比較有分寸。而原住民家長較之我們更加冷靜、放鬆與做得了事情。這些原住民爸媽不嘮叨、不賄賂小孩、不大呼小叫。他們會很努力地「不」告訴孩子該怎麼做，也不會一天到晚用誇獎對小孩灌迷湯。[4]

「下次，你的小孩不乖時……請轉身走開。遇到跟孩子有意見衝突與權力鬥爭關係時，也可以比照辦理。當親子間的爭端開始醞釀之際，閉上嘴走開就是了。」她在《自然教養》（*Hunt, Gather, Parent: What Ancient Cultures Can Teach Us About the Lost Art of Raising Happy, Helpful Little Humans*）一書中建議。

與其吵架不如閉嘴不語。跟孩子爭吵，只會讓他們喜歡上吵架。不要討價還價，也不要怒吼。「下次，當你意識到衝動上湧想好好『教訓一下孩子』時，請牙關一咬忍下來，取出膠帶把嘴封起來。因爲儘管你的出發點用意良善，但你想傳達的訊息會在教訓過程中蒸發，孩子們最終只會接收到一點，就是他們的價值被否定了。」學前教育專家維琪·賀佛（Vicki Hoefle）在《膠帶式親職（暫譯）》（*Duct Tape Parenting*）這本她的理念宣言及省話教育說明書中表示。

閉上鳥嘴的老師

緬因大學的教育學教授瑪莉·狄金森·博德（Mary Dickinson Bird）說：教室裡

的沉默，有助於學生對某項主題獲致更深入、更有力的理解。她平日裡訓練的是未來的小學教師。在新英格蘭古諺「話少，說的更多」的啟發下，博德曾經將學生分成四人小組，然後要他們試著閉嘴解決問題，並於每個小組前方擺放一個浴缸，裡頭裝有十公升的水，外加一堆看不出章法的雜物——軟木塞、木棍、橡皮筋、鋁箔、金屬墊圈、底片盒、彈珠。物件的組合不一，但每個小組肯定都會拿到一顆直徑四公分的鐵球，而且必須想出辦法，把鐵球從浴缸的一頭運到另一頭。按她的說法，就是從沉默的島國「賽倫西亞」（Silencia）運送到另一個島國「佛洛騰西亞」（Flotensia），鐵球代表的是賽倫西亞要救濟佛洛騰西亞的水果。各小組可以互換材料，互相監看，分享點子，但不能說話。

這遊戲帶來的挫折感很大卻也很有趣，同時，「對學生而言，這個練習可以讓他們完成蛻變」，博德在《科學與孩童》（*Science and Children*）這本教育者期刊中寫道。害羞的孩子會因此有機會發光發熱，多話的孩子會因此有機會學著閉嘴並以旁人爲師。所有人都可以從中學到一些人際技巧與團體動態。

博德相信，沉默可以打開新的學習路徑。她設計的練習，很顯然可以供三種人所用：教師、企業經理人，以及試圖壓制一群在雨天被困在屋裡發牢騷的小屁孩的爸媽們。「話少，其實讓我們表達出了很多很多。」博德寫道。

讓孩子玩——

家長可以是園藝師或木匠。加州大學柏克萊分校的心理學家艾莉森・葛普尼克（Alison Gopnik）如是說，她專攻兒童身心發展。木匠型家長會嘗試把孩子雕塑成他們心目中的某種想像；園藝師家長則是緊閉雙唇，創造出一方空間，讓孩子們在當中**恣意成長**。你大概已經可以猜出哪一種家長比較好了。

在過去三十年間，我們犯下的錯誤就是把「養兒育女」變成了所謂的「工作」，既然是工作，就一定會有目標、里程碑與規則——但養兒育女不是工作。我們應該提供空間給孩子們；讓他們玩得全身髒兮兮，讓他們學會「學習」，學會如何去創新與揮灑創意。[5]

弗列德．羅傑斯（Fred Rogers）之所以能成爲學前教育的大家，正因爲他「在吵雜的世界中帶給孩子安靜」，[6]他的傳記作家如此寫道。他是不分東西南北各地家長的典範。「他幾乎是說話跟停頓各占一半，所以時間都拉得很長。但那些停頓並非空空如也；那些停頓是一種空間。」瑪麗．麥克納瑪拉（Mary McNamara）在《洛杉磯時報》上寫道。[7]

羅傑斯並不只教小小孩，他也教家長。他塑造了一種平靜的人際交往模式，可以帶出周遭之人最好的一面。這同樣適用於我們。當我們圍繞在孩子身邊時緊閉雙唇，就是在爲他們塑造這種人際模式。羅傑斯將安靜的力量發揮到淋漓盡致，其中一項技巧就涉及與某人並坐不交談，有時候長達六十秒一句話都沒有。

一九九七年，獲頒終身成就獎時，羅傑斯請現場觀衆花十秒鐘保持安靜，「請想一下，有哪些人幫助你走到了今天，有哪些人照顧過你，有誰自始至終是一心爲了你好。」到了第十秒，席間，很多觀衆都已潸然落淚。你可以在YouTube上見證那場面。我猜想，你多半也會跟著流淚。在這裡，我也想邀請你拿出勇氣跟孩子一起試試這個練習。沉默，只要使用得宜，就能具有摧枯拉朽的力量。[8]

讓孩子跌倒——

任誰都不想看著孩子掙扎，身爲父母那讓人心如刀割。雖然大多數時候，他們都能自行想出該怎麼做，但總有些時候，他們會卡住。有時候，他們就是會敗下陣來。而你會因此而內疚，因爲你本來有機會告訴他們可以怎麼避開問題的；但你沒有，你只是坐在那兒當個旁觀者。

接著你該怎麼做？是要致電學校老師幫孩子爭取重考的機會？還是像獄卒般坐在孩子的身邊，盯著他把作業寫完？抑或親自幫他寫作業？又或是打電話給足球教練，抱怨你女兒上場的時間太少？

都不是。你下一步該做的是繼續閉上嘴巴。

要忍住不出手眞的很困難。你永遠知道（或自以爲知道）孩子應該怎麼做才對。此外，有時候你的孩子會希望你能幫他們解決問題。他們會開口要求你幫忙，而你也有那個能力，但你一定要忍住。你要強迫自己在這種情況下不開口，這會是你爲人父母最嚴峻的挑戰。我個人很討厭這種挑戰。

我曾見過孩子帶著似乎是出自專業之手的美術作品到學校，也見過童子軍在參加一年一度的「松木賽車」時拿出工程師等級的小木車。他們的家長多半覺得自己是稱職的好爸媽，以爲自己幫助了孩子成爲贏家。

你必須抗拒這種瘋狂的行徑。賽車該輸就讓孩子去輸，成績該拿F就讓他拿F。讓他們體驗不爽、害怕、擔心、失望的感受。對父母而言，任由這類事情發生很恐怖，但人要長大就得「繳學費」，不讓他們失敗並不是在幫他們，反而是在剝奪他們成長的機會。我們一旦出手，就是在促成他們的無力感，某種程度而言，是對他們的不尊重。

讓孩子自己去想辦法——你要忍住不去糾正或協助他們，甚至連誇讚都要謹慎爲之——要能讓他們累積出自信，不會因爲焦慮與壓力就舉步維艱、寸步難行。摘自神經心理學家威廉・史帝羅（William Stixrud）與教育專家奈德・強森（Ned Johnson）合著的《讓天賦自由的內在動力：給老師、父母、孩子的實踐方案》（*The Self-Driven Child: The Science and Sense of Giving Your Kids More Control Over Their Lives*）。

「我不是在說我們應該把孩子丟進狼群中。然而，在替他們做功課與讓他們帶著瑞士刀跟火柴去無人島求生的兩個極端間，總有個中間地帶可以供你讓你的孩子去嘗試失敗、去從經驗中學習。」黛安．塔文納（Diane Tavenner）身爲「頂峰學校聯盟」（Summit Schools）、加州與華盛頓州公立學校網絡的共同創辦人與執行長說。

塔文納鼓勵家長讓孩子在小事上失敗，[9] 像是功課：「記住，搞砸一個作業甚至幾份作業，都不至於毀掉人的一生。」把自己想成是個教練，塔文納建議。與其提供答案，你更該做的是提問，其用意，是在幫助孩子培養出憑藉自己達到成功的能力。

讓孩子成功

保持安靜並給予孩子空間失敗有一個極大的好處，那就是在成功的當下，他們會知道自己的勝利有絕對的純度。前美國第一夫人蜜雪兒．歐巴馬（Michelle Obama）表示，那是成長過程中，她母親給她跟她哥哥最好的禮物。「妳讓所有的成功或失敗都完全屬於我們自己。」蜜雪兒曾在podcast節目上這麼對她的母親瑪麗安・雪德茲・羅賓遜（Marian Shields Robinson）說。

小事情是這一切的起點。瑪麗安從來沒有大費周章地要小孩早起上學。上學是小孩自己的工作。蜜雪兒・歐巴馬覺得，諸如這樣的小事，在後來都爲她帶來了極大的益處。「如果你希望孩子成長到二十一歲或二十二歲時就可以獨立自主，那你就得讓他們從五歲或七歲起開始練習。」她說。

瑪麗安曾在歐巴馬任內住進白宮幫忙撫養她的兩個孫女瑪麗亞跟薩莎，她說，讓小孩成功還有另外一個涵義，就是偶爾承認你也不知道該怎麼做。「父母會認爲自己需要知道所有的答案，但沒有人知道所有的答案。我完全可以很自在地說，『我不知道。』」

瑪麗安是一名園藝師不是木匠。她知道她女兒是個意志堅強的人，她會這麼想，我何必去試著改變她呢？蜜雪兒這位前第一夫人曾經對一群聽衆說，「那是她給我最好的禮物。我父母就會看到我心中的那把火……但他們並沒有做出那年頭父母經常對那些有個性的女孩所做的那樣，把火澆熄……他們想了個辦法讓火焰延續，因爲他們知道，有朝一日，我會用得著那把火。要讓女兒心中的火焰不滅，意味著父母得重視她的聲音，讓她暢所欲言，讓她學會善用話語。」10

蜜雪兒・歐巴馬將瑪麗安的那一套不插手、讓他們嘗試並失敗的做法運用到她自己兩個女兒的身上。「所謂母親就是放手這門藝術的大師。」她在接受英國《Vogue》雜誌專訪時，如此告訴梅根・馬克爾（Meghan Markle；英國哈利王子之妻），「母職教會了我一件事。大多時候，我的工作是讓她們去探索跟發展成為她們想成為的人，不是我希望她們成為的人，也不是我在她們這個年紀時想成為的人；而是她們內心深處眞正的她們。」

「為人母這個身分也讓我明白我不是推土機。我的工作不是替孩子們開闢一條坦途，不是替他們剔除所有可能的逆境。相反地，我眞正的工作應該是當他們不可避免地失敗時，扮演一座安全而可靠的機場，供他們降落整備；並一次又一次地用身教告訴他們，如何靠自己重新起飛。」

讓孩子無聊——

林─曼紐爾・米蘭達（Lin-Manuel Miranda）堅信，「無聊」有著無用之用。他說他兒時那些做白日夢的無聊午後讓他發展出了想像力，而想像力又促使他創作出百老匯有史以來最受歡迎的音樂劇之一《漢彌爾頓》，並榮獲了普立茲戲劇獎的肯定。「沒有什麼比一張白紙或一間空盪盪的臥房更能激發想像力了。」米蘭達告訴《GQ》雜誌，他並補充說，養育孩子的關鍵就在於不要刻意去養育孩子。他或許不會這樣自我介紹，但我懷疑米蘭達就是一個懂得閉嘴的爸爸。

閉上鳥嘴養小孩的一條鐵律就是我們沒有義務討好孩子。我們不欠他們這個。事實上，我們欠孩子的是無聊，因爲無聊是好事。很多新研究都顯示，無聊有助於孩子變得更有創意，包括他們能更好地自我調節情緒。當他們開口說「我好無聊喔」，簡直是再好不過的事了！這是宇宙給了你，也給了他們一份禮物。請忍住，不要去填滿他們的空閒時間。別開口，讓孩子自己去思考他們想做什麼。

無聊讓人感覺不舒服，但被無聊到的大腦會發展出一種「內在刺激」，接著大腦就會去尋找某樣可以思考的事物；泰瑞莎・貝爾頓（Teresa Belton）說。作爲一名教育暨終生學習教授，她研究的是無聊與創意之間的連結。貝爾頓表示，小孩需要時間「站在那兒盯著看」，意思是他們需要純粹地觀察身邊的世界，好讓他們的大腦進入一種白日夢的狀態。

成年人也一樣可以受益於無聊。心理學學者發現，實驗組的人若先從事過無聊的作業再去接受創意思考的測驗，表現會優於控制組。愛因斯坦愛鬼混是出了名的，他說自己很多最棒的靈感都是在他坐著帆船在海面上飄飄蕩蕩、無所事事時冒出來的。賈伯斯花了很多時間在磨蹭跟拖延。艾倫・索爾金（Aaron Sorkin；美國編劇兼導演）有很多劇本都是在淋浴時想到的，所以偶爾他會一天洗六次澡。11

你會說這也太扯了吧，但我們養育小孩的方式也很扯啊。所以，幫孩子們一個忙，閉上你的鳥嘴吧。

多跟莉茲學學——♥

你想怎麼評價伊莉莎白二世都可以——但這個女人絕對懂得管好自己的嘴。她那老派、不露聲色的作風，是她最大的力量來源。一天到晚得替不如她有分寸的皇室成員收拾爛攤子，肯定讓她抓狂。但你從來不會聽到她抱怨。現今英國王室所屬的溫莎家族是一群莫名其妙的傢伙，王室本身也是個莫名其妙的體制。女王似乎知道這一點，但也意識到要讓這套戲法不致分崩離析，唯一的辦法就是緊閉雙唇、不惹麻煩，並且永遠不讓任何人知道自己在想什麼。關於女王，我們唯一所知就是她熱愛柯基跟她的馬，然後，就沒有然後了。

而這樣很棒。簡直太棒了。我們都應該跟她學。這個世界不需要知道我們對大小事的看法。我們都有個觀念，認爲壓抑自己的情緒是不健康的，但眞的是這樣嗎？我怎麼覺得把事情放在心裡，完勝到處對人吐苦水、噴意見。我認爲女王的話很對：閉上你的嘴，該幹嘛就幹嘛。

她兒子，當年的查爾斯王子曾經向傳記作者抱怨女王不是個好母親，[12]因爲她既冷淡又不關心孩子，還說他小時候曾被她丟給保母照顧，只因爲她要去世界各地履行王室義務。女王對他這番抱怨的回應我給滿分：她什麼都沒說。

確實，我們都應該跟女王學學怎麼教養孩子，畢竟她替弱智兒孫輩擦屁股的經驗可說非常豐富，且是不眠不休，毫無怨言，至少在公開場合不曾有過。查爾斯曾經被英國媒體恥笑爲窩囊廢、蠢貨、白癡。他是個腦袋不怎麼好使的男人，殊不知他曾經以各種陳情信件轟炸國會議員，其中有著各樣奇奇怪怪的訴求，從氣候變遷議題到牛隻畜牧業的處境，從伊拉克戰爭到教師的教室管理，從草藥到南極的古蹟小屋，再到瀕危的巴塔哥尼亞齒魚，可說是無奇不有。

在此同時，他又是個一再搞砸事情、扶不起的阿斗，尤其他一波未平一波又起的私生活，更是讓王室永無寧日。首先是他跟黛安娜那段混亂的婚姻，然後是更加混亂的離婚，再來是他與（後來的第二任妻子）卡蜜拉那通讓人聽了頭皮發麻的性愛電話。每一回出事，他的女王母親都會前來救駕。「難堪的事實是查爾斯那卑劣的人品，怎麼樣也無法讓女王看得起這個兒子。」蒂娜．布朗（Tina Brown）在《宮廷祕密文件（暫譯）》（*The Palace Papers*）中寫道。對此，一如面對其他所有的事，女王把想法都藏在心裡。

查爾斯跟黛安娜分居後，女王悶不吭聲了好幾年，直到黛安娜跑去ＢＢＣ接受了主播馬丁．巴希爾（Martin Bashir）的訪談，口無遮攔講了一堆查爾斯跟王室的八卦，女王才按捺著怒火派出信差，去黛安娜的住處遞交了一封信，內容大意是：妳玩完了。接著，女王就發表了扼要的公開聲明，宣布查爾斯跟黛安娜即將離婚。就這樣，沒有受訪，沒有上電視哭哭啼啼說黛安娜讓她多傷心。女王完成了她的工作後，便絕口不提。[13]

黛安娜車禍身亡時，女王似乎傾向於堅持她無聲勝有聲的原則，但她的子民們卻開始抱怨他們的君主沒有跟廣大的英國人民一同啼天哭地。為了扭轉王室的形象危機，她在ＢＢＣ發表了三分鐘十分冷靜的現場演說，[14]履行了她的職責——說了些黛安娜的好話，該有的禮貌一樣不少，並表現出淡淡的哀傷，一切仍不出掌控外。

在黛安娜的葬禮上，女王對著黛安娜的靈柩鞠了個躬，此舉其實非同小可，而且與規矩不符——按理，女王不對任何人行禮。但事實證明，女王的低頭是絕佳的公關策略，王室的支持度大幅回升。這也是閉上鳥嘴的一種應用：女王沒說一個字，但又把該說的話全都說了。也許，她是咬著牙鞠了這一躬。也許，她是發自內心地在向死者致意；關於這點，我們將永遠不會知道答案，惟有女王自己心中有數——因爲女王不像圍繞在她身邊的一堆笨蛋，她聰明緊閉的嘴，讓她活得像一個謎，像「一面供整個國家映照自己的空鏡」，布朗如是說。

在收拾完查爾斯跟黛安娜的爛攤子後，女王依舊不得閒。因爲她不是只有一個兒子，更不是只有一個不成材的兒子，她還有次子安德魯這個怪物級別的爛人要去救。這傢伙先是以一樁專爲小報設計的婚姻與離異讓王室臉面無光，但他並沒有因此而收斂，還變本加厲地跟美國戀童淫魔傑佛瑞．艾普斯坦（Jeffrey Epstein）稱兄道弟進而涉及一場官司；艾普斯坦的一名受害者出面指控安德魯曾性虐待當年尚未成年的她。女王擺平了官司，懲戒了安德魯，剝奪了安德魯所有的頭銜與職務，然後把他塞進一個鐵盒裡，讓他與王室再無瓜葛。問題解決了，公衆面前，她還是一句話也沒有。

待女王那恣意妄爲的孫子哈利脫離了家族，開始以「做心理治療給衆人看」爲生，包括在歐普拉面前大談自己慘澹的童年際遇之後，她褫奪了孫子哈利與孫媳婦梅根自稱「王室成員」的權力——周遭無人敢出口代爲求情的緘默，讓這項懲罰展現全然的威力。當他的祖父菲利普親王躺在醫院裡奄奄一息之際，哈利正站在電視鏡頭前冷酷無情地抱怨這件事。他祖父有句老派的金玉良言哈利應該要聽進去的：「想上電視受訪儘管上，就是不要聊到你自己。」

女王在情緒上的內斂或許不見得樣樣好，但總強過王室裡其他成員的自戀與斯文掃地：英國史學家馬丁·法蘭西斯（Martin Francis）這麼說，並批評威廉王子不該說什麼「『不露聲色』的時代必須結束」這樣的話。是這樣嗎？真的嗎？你當然可以在私底下跟心理醫生暢談你內心的不滿，但上電視昭告全世界那不叫治療，那叫自私。馬丁有言如下：「不露聲色……仍大有值得人去推薦之處。」

這話讓我不由得想說一聲，阿們。

快樂的芬蘭人

二〇二二年，芬蘭被評選爲全世界最快樂幸福的國家[15]——這是它第五年蟬聯這項頭銜。芬蘭能獲得這項殊榮自然有很多原因，但其中一個我必須說，那就是芬蘭人是世界上一支很安靜、很懂得內斂的民族。不同於幾秒鐘都靜不下來的美國人，芬蘭人非常滿足於可以坐在一起什麼都不說。「沉默是金，說話是銀」是芬蘭諺語，相對於美國人習於將個人需求與成就放在一切之上，芬蘭人更珍視的是和諧與平衡。

在疫情導致封城，芬蘭人被要求保持兩公尺社交距離期間，當地流傳著一則笑話，「我們爲什麼不能像平常一樣保持四公尺的距離？」[16]另外一個芬蘭笑話是，「要怎麼知道某個芬蘭人喜歡你？答案是當他從直盯著自己的鞋子變成你的時，那就是了。」芬蘭是如此安靜的一個國度，以至於他們的觀光委員會推出一整套圍繞著「安靜之旅」[17]的主題旅遊，他們鎖定的客群是中國遊客。「想找個安靜到你可以聽見自己思考的地方嗎？請容我們介紹靜謐的森林、田園詩一般的村莊、古老的聖地，還有芬蘭拉普蘭地區的一座座國家公園。」

一級方程式賽車冠軍車手奇米·雷肯南（Kimi Räikkönen）就是芬蘭人，他最出名的除了他在賽道上的神乎其技之外，就是他這個人在場下不太說話。雷肯南退休時，他的一名隊友說，「我會想念那種安靜的。」後來，雷肯南表示他可能會授權拍一部關於他職業生涯的電影，但「必須是一部無聲電影」。

芬蘭有世界一流的教育體系——狠甩美國幾條街——同時，他們也是展現閉嘴自制力的神級典範。沒有壓力。沒有標準化的考試。[18]小孩就學年齡比較晚，[19]上課天數比較少，且很多時間都在玩。然而，拿芬蘭小孩跟其他國家的小孩在學業成績上的表現進行比較，前者卻總是名列前茅，美國小孩根本看不到他們的車尾燈。

芬蘭家長是我所謂的閉上鳥嘴型爸媽，艾莉森・葛普尼克口中的「園藝師」而非「木匠」型家長。他們教養小孩的方式跟我們似乎完全是兩碼子事。芬蘭沒有直升機爸媽也沒有虎媽。芬蘭人每天都會給小孩時間玩，讓他們以自己的步調去學習，並高度肯定獨立、自助、禮貌與關懷他人的價值。芬蘭小孩回到家、做午餐、寫作業通通自己來。芬蘭人會在後院蓋起芬蘭語叫作leikimokki的小屋，[20]讓孩子可以邀請朋友們來玩，夏天甚至會直接睡在裡頭。

芬蘭人的快樂並不合理。他們的天氣很爛。冬天時，他們一天只享有幾小時的日照，而且冬天是他們一年中最長的季節，以首都赫爾辛基爲中心，以南冬季長達一百天，以北更是長達兩百天。但他們就是找到了快樂。我猜想，應該是因爲他們知道如何享受閉嘴的靜謐、不相互打擾糾纏。芬蘭人並不反對社交，他們喜歡一絲不掛地在三溫暖裡跟三五好友一塊兒洗芬蘭浴。他們只是不喜歡言不及義的閒聊，同時，他們也熟練了盡在不言中的溝通方式。

日本：安靜的教養——

在日本，非語言的溝通藝術被稱爲haragei，漢字寫作「腹芸」（はらげい），指的是用臉部表情、聳肩、眼色等非語言暗號，取代有聲的語言，藉此表達意見或傳達概念的能力。你是用自己的腹部而不是用嘴巴在說話。這在日本是行得通的，因爲這麼做在日本被視爲是一種「高情境」文化，亦即人可以透過默契相互理解，有話不必明說——這形成的是一種集體社會。平均而言，日本人對話裡的靜默是美國人對話裡的兩倍。

日本人還有一種稱爲「以心伝心」（いしんでんしん）的觀念，大致可以理解爲心電感應，也就是不說話也能彼此理解的能力。然後日文裡還有一個詞叫作「忖度」

（そんたく），意思近似「去讀取弦外之音」。[21] 對於日本人來說，這些都是精妙宛若藝術的高效率溝通方式。靜默不會嚇到日本人，他們不會像美國人那樣因爲冷場而大驚小怪。日本人認爲安靜代表著尊重，意味著你在思考對方剛剛的說話內容。靜默是一種聰慧的表現：在日本，說話直白或是冗長的人會被視爲平庸、幼稚與愚昧。

靜默在日本的家庭教育中扮演了重要的角色，這也多少解釋了何以日本人的家教大勝美國人的家教。攜家帶眷移居日本的西方人常常會訝異於兩歲的日本孩童何以能靜靜地坐在餐廳裡或公共場合中，不吵也不鬧。那是因爲他們的父母是安靜教養的高手，日本家長透過身教，讓孩子學會內斂、自律與禮貌。

美國小說家凱特·路易斯（Kate Lewis）剛移居日本時，帶著她年幼的女兒與正蹣跚學步的兒子。比起同齡的日本小孩，她兩個狂野又吵鬧的美國孩子常讓她一張臉不知道該往哪裡擺，畢竟，兩邊的反差實在太大。她發現日本家長管教孩子用的是另外一套理念，日本人稱之爲「躾」（shitsuke）。這個日文字可翻譯爲「養成」或「教養」，而這種教育講究的是安靜。與其在遊樂場或大賣場裡吼罵孩子——身爲美國人，你應該看過那一幕，或許你自己也那麼做過，而且不是一次兩次——日本家長會私下跟孩子談。「我開始發現那是四處都看得到的日本風景[22]——家長蹲在火車站柱子後頭或公園角落與孩子小聲溝通著。」路易斯在幫東京通（Savvy Tokyo）網站寫的一篇文章中說道。

然而這當中也存在著問題。不同於那些快樂的芬蘭人，日本常在幸福國家的年度排行裡位居後半段。在二〇一九年一份針對二十九國的調查中，日本排名第二十三。在聯合國的二〇二〇年年度世界幸福報告中，[23]日本排名第六十二。但那多半是因爲他們對幸福的定義與西方民調的定義有所不同。西方人心目中的幸福是開心雀躍、是取得重大的勝利或偉大的成就。但日本人看重的是安靜的人事物。

另一方面，日本人的長壽也享譽世界。飲食習慣與基因遺傳固然造就了這一點，但「生き甲斐」的貢獻也不容抹滅。這個日文單詞可以翻譯爲「活著的意義」或「生存的價值」，它背後眞正的涵義是擁有一個有目的、有意義的人生。生き甲斐在西方已然成爲一門顯學——你可以看到很多書籍跟TED的演講都在談論這個主題。

在沖繩島上，有個名爲大宜味的村子，它是全世界百歲人瑞比例最高的村落——而村中生き甲斐可以說多到爆表，前往大宜味村訪談長輩們的海克特·賈西亞

（Héctor García）與法蘭西斯科・米拉勒斯（Francesc Miralles）說。上文中，他們兩位所說的「生き甲斐」，相當類似於亞利桑那大學心理學家馬希亞斯・梅爾指稱的「有意義、有內容的對話」，這種對話正是改善心理健康跟強化免疫系統的關鍵所在。少說多聽，避免言不及義的閒聊，創造貨眞價實的連結。長壽就是這麼簡單。

能管住嘴巴代表著無私。不亂開口可以帶出你身邊每個人最好的一面。聆聽某人，將全副注意力放在他們身上而非你自己身上，就能創造出一種魔法。二戰時，英相溫斯頓・邱吉爾的母親珍妮・傑洛姆（Jennie Jerome）曾比較過與英國兩位政要共進晚餐的經驗。一位是威廉・格萊斯頓（William Gladstone），另一位是班傑明・迪斯雷利（Benjamin Disraeli）。「當我坐在格萊斯頓身邊用完餐離開座位時，我認爲他是全英國最聰明的人。但當我坐在迪斯雷利旁邊，離開時的我只覺得自己是最聰明的女人。」

想像一下，你能對生活中的每個人都產生這樣的影響。想像一下，你能讓孩子更快樂、更獨立、更有機會出人頭地。想像一下，釋放他們的創意，讓他們能夠去解決世界上最具挑戰性的問題。想像一下，你能帶出親朋好友甚至是與你萍水相逢的陌生人最好的一面。然後想像你的孩子、朋友、親戚也在對他們身邊的所有人產生一樣的影響力。閉上鳥嘴不只能讓你自身少說多得，只要夠多人學會閉上鳥嘴加入這個行列，我們就能讓這個世界變得更美好一些。

1 **it gained widespread use only in the 1970s**: Alison Gopnik, "A Manifesto Against 'Parenting,'" *Wall Street Journal*, July 8, 2016, https: //www.wsj.com/articles/a-manifesto-against-parenting-1467991745.

2 **terrified that our kids**: Claire Cain Miller, "The Relentlessness of Modern Parenting," *New York Times*, December 25, 2018, https: //www.nytimes.com/2018/12/25/upshot/the-relentlessness-of-modern-parenting.html.

3 "**reduced children's playtime**": K. H. Kim, "The Creativity Crisis: It's Getting Worse," Idea to Value, n.d., https: //www.ideatovalue.com/crea/khkim/2017/04/creativity-crisis-getting-worse/.

4 **feed them constant praise**: Michaeleen Doucleff, "How to Be a Calmer Parent and Stop Arguing with Your Kids," *Time*, March 6, 2021, https: //time.com/5944210/calm-parenting-technique/.

5 **how to be innovative**: Allison Gopnik, *The Gardener and the Carpenter: What the New Science of Child Development Tells Us About the Relationship Between Parents and Children* (New York: St. Martin's Press, 2017).

6 "**silence in a noisy world**": Maxwell King, *The Good Neighbor: The Life and Work of Fred Rogers* (New York: Abrams Press, 2018).

7 **Mary McNamara wrote in the Los Angeles Times:** Mary McNamara, "'A Beautiful Day' Is a Great Movie. It Just Misses the Point of Mister Rogers," *Los Angeles Times*, November 30, 2019, https: //www.latimes.com/entertainment-arts/story/2019-11-30/beautiful-day-

neighborhood-is-a-great-movie-its-just-not-about-mister-rogers.

8 **Silence, done well**: "Fred Rogers Acceptance Speech—1997," YouTube, n.d., https: //www.youtube.com/watch?v=Upm9LnuCBUM.

9 **Tavenner encourages parents**: Diane Tavenner, "How I Learned to Let My Kid Fail," *Time*, September 26, 2019, https://time.com/5687129/children-failure/.

10 **Michelle Obama says that's the best gift**: Maija Kappler, "9 Parenting Tips from Michelle Obama and Her Mom," *HuffPost*, September 17, 2020, https: //www.huffpost.com/archive/ca/entry/michelle-obama-parenting-tipsca5f623cc8c5b61845586574e6.

11 **Aaron Sorkin gets so many great ideas**: Tat Bellamy-Walker, "A Former Twitter Exec Reveals the Simple Strategy Used by Jack Dorsey and Steve Jobs That Helped His Team Be More Creative at Work," *Business Insider*, August 14, 2020, https: //www.businessinsider.com/how-to-be-creative-twitter-apple-aaron-sorkin-innovative-distraction.

12 **Queen wasn't a very good mother**: Becky Pemberton, "Lonely Prince: How Charles Felt the Queen Was a 'Cold and Distant' Mother," *U.S. Sun*, December 17, 2019, https: //www.the-sun.com/lifestyle/165255/how-charles-felt-the-queen-was-a-cold-and-distant-mother-but-she-didnt-want-to-burden-him-with-duties-as-a-boy/.

13 **The Queen did her job**: Zoe Forsey, "Queen' s Furious Letter to Princess Diana That Finally Ended Marriage to Charles," *Daily Mirror*, April 30, 2020, https: //www.mirror.co.uk/news/uk-news/queens-furious-letter-princess-diana-21491557.

14 **she gave an emotionless three-minute live address**: Forsey, "Queen' s Furious Letter to Princess Diana That Finally Ended Marriage to Charles."

15 **Finland was named the happiest country**: Vicky McKeever, "This Country Has Been Named the World' s Happiest for the Fifth Year in a Row," CNBC, March 18, 2022, https: //www.cnbc.com/2022/03/18/finland-named-the-worlds-happiest-for-the-fifth-year-in-a-row.html.

16 **"Why can't we stick to our usual four meters?"**: "What Makes a Happy Country?," *Indian Express*, April 26, 2021, https://indianexpress.com/article/world/what-makes-a-happy-country-7289534/.

17 **"silence travel"**: Aleksi Teivainen, "Silence an Opportunity for Finnish Tourism Industry," *Helsinki Times*, September 4, 2014, https: //www.helsinkitimes.fi/business/11886-silence-an-opportunity-for-finnish-tourism-industry.html.

18 **No standardized tests**: Mike Colagrossi, "10 Reasons Why Finland's Education System Is the Best in the World," World Economic Forum, September 10, 2018, https: //www.weforum.org/agenda/2018/09/10-reasons-why-finlands-education-system-is-the-best-in-the-world.

19 **Kids start school at a later age**: LynNell Hancock, "Why Are Finland's Schools Successful?," *Smithsonian Magazine*, https://www.smithsonianmag.com/innovation/why-are-finlands-schools-successful-49859555/#:~:text =Ninety%2Dthree%20percent%20of%20Finns,student%20than%20the%20United%20States.

20 **Finnish families build backyard play huts**: Seiko Mochida, "Home Visit Survey in Finland: Children Playing Cheerfully and Freely—A Work-Life Balance to Support Childrearing by Parents—Current Situation Regarding Children's "Attitudes of Learning to Learn," Child Research Net, September 29, 2017, https: //www.childresearch.net/projects/ecec/201714.html.

21 **"reading between the lines"**: "Chinmoku, Sontaku and the Uses of Silence," Japanology, April 1, 2019, https: //japanology.org/2019/03/chinmoku-sontaku-and-the-uses-of-silence/.

22 **"I began noticing this everywhere"**: Kate Lewis, "The Japanese Way of Disciplining Children," Savvy Tokyo, February 17, 2021, https: //savvytokyo.com/japanese-way-disciplining-children/.

23 **United Nations' annual World Happiness Report**: Genkidesu, "The World Happiness Report 2020: How Happy Is Japan?," City-Cost, June 30, 2020, https: //www.city-cost.com/blogs/CityCostInsiders/z42mk-living.

第八章

STFU:

The Power of Keeping Your Mouth Shut in an Endlessly Noisy World

在愛裡閉上鳥嘴

太太跟我花了很多年的時間去做婚姻諮商。我們遇過不修邊幅的中年大叔收了我們一大筆費用，然後要我們並肩坐在沙發上，對我說我應該多下廚。有一回是個輕聲細語的可愛老人家，穿著毛衣跟花呢西裝外套，告訴我們應該去約會、去度浪漫的週末。還有一位六十來歲的女性，戴著會晃動的耳環，腳踩襪子跟涼鞋，要我們當場做呼吸練習。我們最後一次的嘗試也是一名六十來歲的女性，她也戴著會晃動的耳環，腳上也是踩著襪子跟涼鞋，然後直截了當地告訴我們不要再來諮商了，趕快分手吧。

我們照做了。這就是爲什麼我會在疫情封城之初，隻身一人坐在租來的房子裡意識到幾乎每一件發生在我身上的壞事，包括失去我的家庭，其實都是可以避免的，前提是我要閉上這張嘴。也是從那一刻起，我開始思考該怎麼做到這一點。

多年來，與諮商師對話的經驗並沒有爲我們帶來任何好處。事實上，我們愈是去跟諮商師聊狀況就愈糟。我們眞正需要的是少說兩句，是去注意到已故大法官露絲·貝德·金斯伯格（Ruth Bader Ginsburg；又稱RBG）的建議。她有句名言是，「一段婚姻要美滿，偶爾小聾一下是好事。」憑藉這個大原則，RBG與她先生馬丁共譜了一段我們大多數人只有羨慕的佳話，那種白頭偕老，戀愛感始終在的婚姻。按她的說法是「五十六年無與倫比的婚姻夥伴關係」。

除了耳朵不要太好之外，口才不要太好也有幫助。但我身上沒有靜音鍵，我總是忍不住想到哪兒就說到哪兒。而今孤零零地，身邊沒有妻子跟孩子，我下定決心要裝一個靜音鍵在身上。我堅守著心理醫師對我再三耳提面命的一句建議，那於我堪比七字眞言：「閉嘴是一種選擇。」遇到有人傷害了你的感情，你不要去回應。事實上，你眞的可以不用開口也不用說話，任何場合都一樣。一位名叫約翰・法蘭西斯（John Francis）的環保人士[1]十七年沒開口說過一句，仍成功取得博士學位並擔任聯合國的親善大使。

我爲自己設計了閉上鳥嘴課程表，每天盡可能隨時隨地修練。有人建議我太太跟我再去做一次婚姻諮商——不是爲了挽救關係，而是爲了學習處理我們的離異。但我們最不需要的就是更多的說話治療，我們需要的是不說話治療。

由於孩子的關係，我們仍然得互動交流，但我們會試著安靜地做這件事。確實，我們偶爾還是會互傳憤怒的簡訊也會輪流掛對方的電話。但我們仍會嘗試遵循RBG的第二條建議：「聽到未經思考或不客氣的話語最好別往心裡去。在憤怒或煩躁下做出反應，增進不了誰的說服力。」

心理醫生說夫妻需要學習如何吵架。我說我們應該更進一步學著從一開始就不要吵架，就像RBG建議的那樣。我太太跟我並沒有把話說清楚，也沒有翻舊帳。我們沒有聊彼此的短處，我們讓過去成爲過去，而我身上的靜音鍵也適時打造完成。帶著一點戰戰兢兢，我們開始試著獨處。我們牽著家裡的狗去森林裡散步，我們共進了晚餐。

在走進餐廳前，我會坐在車子裡深呼吸，在腦中檢查一遍我的閉上鳥嘴列表。晚餐過程中，我會有耳無嘴，會捨棄丹丹體只問問題，並且我會讓暫停懸在對話裡。我要求自己整頓飯中但凡開口，都只能是回應她的話而不要另起爐灶，不要有自己的盤算，不要敷衍地說什麼「是喔」或「原來如此」。

我們沒有試著再一次如膠似漆重燃熱戀期的激情。偶爾，我們只是一句話也不說地坐在一起。在我還不懂得閉嘴的日子裡，這氣氛肯定會逼瘋我。然而現在，我不再迫切地用話去填滿空白，反之，我只是坐在那兒靜待焦慮感消散。時間久了，焦慮於我愈來愈不足爲患。

可以麻煩您安靜一點，嗎？——♥

我們的大聲文化是把說話當信仰。我們有話不吐不快，有事會說到底講到爛。結果這樣的文化帶給了我們什麼？近半的夫婦去找婚姻諮詢；半數的初次婚姻以失敗告終；第二與第三次婚姻的失敗率不降反升；百分之二十五的夫妻在接受過諮商治療後，相處得比諮商前更糟。你能稱這是成功嗎？

問題有一部分出在夫妻檔的治療難度甚高，而多數治療師並沒有接受過相應的專業訓練。明尼蘇達大學的心理學家威廉．多爾提（William Doherty）說，「從消費者的角度去看，參加婚姻治療就像是斷了腿的人去找在念醫學院時，翹掉骨科學分的醫生接上一樣。」他這篇文章的標題是「心理治療爲何會威脅到你的婚姻健全」。但更大的問題可能只是在心理醫師面前相互攤牌本身就是個很糟糕的主意。那五十分鐘的抱怨時間搞不好什麼療效都沒有，不過是強化了你原本就有的壞習慣。

也許我們的做法叫作一個全錯。荷蘭格羅寧根大學（University of Groningen）的學者發現，靜默的兩人時光會讓夫妻間變得更加親近。心理學者蘇珊．菲利浦斯

（Suzanne Phillips）專職輔導從創傷中恢復的夫妻，她擁護「身處那兒就好」的力量，基於這樣的理念，專注在非語言的線索上，可以使人在超越意識的層面上連結起來。她建議個案案主要抽出時間來跟另一半「無聲勝有聲」一下，這包括兩人可以一起靜靜地冥想，一起靜靜地走在大自然裡，或一起靜靜地搭車。她說，「一對夫妻可以各自安靜但仍心心相印的能力，既反映了他們彼此的獨立性，也反映了他們作爲夫妻的情感連結。」

這或許多少解釋了何以妻子跟我以小時計花在閉上鳥嘴治療上的時間，能夠做到我們以年計花在昂貴對談療程上的時間所做不到的事。我們復合了。那之後，在家中，我仍繼續堅持按下靜音鍵，並看到了與過去天差地遠的差別。

閉上鳥嘴與陷入愛河

一九六七年，心理學家亞瑟．艾隆（Arthur Aron）發展出一道魔法，可以讓兩個陌生人墜入愛河。要施展這道咒語，當事人得互問對方三十六個由淺入深的問題，最後再加上臨門一腳：問題全問完後，要彼此一語不發地四目相交四分鐘——咒語就完成了。你已經在愛河裡了。

在艾隆的研究論文中，這位紐約州立大學石溪分校的教授並未宣稱這道魔法對任何人都有效。你們需要有一些共通點，且彼此要有一些打底的吸引力，要是這些你們都具備了，那回答問題跟互相凝視「就可以是壓垮駱駝的最後一根稻草」艾隆補充說，這可能是你這輩子將會做的最重要的一件事。[2]「愛是人類生活的核心。人際關係的質量是人類幸福最有力的指標，超越財富與功成名就。它甚至是生理健康的指標，我們能活多久與我們的人際關係質量高度正相關，超過你抽不抽菸，也超過你胖不胖。」

艾隆的方法好用的不得了，好用到其他學者也紛紛將之用在了自己的實驗中，並為這方法命了名，就叫作「關係親近誘發任務」（relationship closeness induction task）。[3]

曼迪・連・卡特隆（Mandy Len Catron）在大學裡教授寫作。她將艾隆魔法用在了一位熟人身上，結果這名熟人成為了她的男朋友。這段經歷被她寫下來，刊登在《紐約時報》上，之後更擴張篇幅成為一本書，叫作《跟任何人都能陷入愛河（暫譯）》（*How to Fall in Love with Anyone*）。卡特隆與她那位朋友坐在酒吧裡，邊喝著啤酒邊做完了艾隆的三十六個問題。按照她的描述，兩人隨著問題的推進逐漸卸下了心防，然後在短短兩個小時內，他們就發展出了正常來說得要幾個月才能培養出的熟悉度。在回答完彼此的問題後，他們站在一座橋上，注視著彼此的眼睛，時間長達四分鐘之久，卡特隆在其《紐約時報》的文章中形容，那是「我生命中非常刺激也非常嚇人的一次體驗」。那一刻真正的關鍵不只是我真的看見了某人，而是我看見某人真的看見了我。」那奏效了。他們成功墜入情網並展開了交往。

到底是那三十六個問題比較重要，還是那四分鐘的凝視比較重要實在難以斷論。或許，兩者缺一不可。但那四分鐘的安靜對望，絕對有不假外求的強大力量。

幾年前，在歐洲的難民危機期間，國際特赦組織進行了一項實驗。他們安排難民坐在歐洲人的對面，然後要求雙方在沉默中進行四分鐘的眼神接觸。這麼做的目的，是讓爭議雙方的代表可以藉由眼神交流進而同理對方。結果，在長達五分鐘的影片中，我們看到了讓人讚嘆的效果。參加實驗的人有的面露微笑，有的哭了，還有人大笑，也有人擁抱。「四分鐘的眼神接觸，拉近了人與人的距離，而且成效比什麼都好。」主辦單位宣稱。

這項操作的力量不只來自於眼神接觸也來自於靜默。這又一次驗證了不靠言語的溝通能傳達得更多。在艾隆的研究報告裡，伴侶們確實會在四分鐘的凝望後開口對話，而且還相當熱絡。一男一女就此愛上對方，開始朝著交往的關係邁進。不過他們的前四分鐘也並未虛度，那四分鐘裡，他們也在溝通、在建立他們靠說話無法建立的既深且強的關係。沉默不等於空洞；沉默可以滿載意義。以扮演小丑聞名的戲劇名家馬歇．馬叟（Marcel Marceau）曾如此形容：「音樂與靜默之間有著強烈的連結性，因為音樂的構成不能少了靜默，而靜默中也充滿了音樂。」音樂中的沉默，同樣充滿意義。

六〇—四〇法則

揪出話癆成因的傳播學專家麥可．畢提教授在邁阿密大學開了一門課，叫作「浪漫溝通」（Romantic Communication）——課程內容，基本上就是談語言與非語言溝通在交往關係中所扮演的不同角色。畢提在課堂上介紹了多巴胺與血清素的作用，只不過對他的學生們而言，在這門課上他們真正想要學到的是若要獲得第二次約會的機會，在第一次約會中應該進行什麼樣的溝通。這門課受歡迎的程度，堪比演唱會的秒殺門票。

畢提說，最重要的關鍵一言以蔽之就是「平衡」。他建議學生們要秉持「六〇—四〇法則」。他告訴我，「約會要成功，任一方說話的時間都不應該超過百分之六十或少於百分之四十。如果都是你在說話，對方會覺得應接不暇。但如果你只是呆坐在那裡一聲不吭，對方就得挑起不冷場的重擔。兩種狀況都不會讓約會成功。」

看來，一談到約會，話癆似乎就註定要失敗，或至少還沒開始就處於極大的劣勢。至於省話之人則往往能在吸引異性上占點便宜，也許是因爲話少會讓人流露出某種自信感。畢提以電影裡的詹姆斯·龐德爲例，從史恩·康納萊到丹尼爾·克雷格，無論這角色的扮演者是誰，所塑造出來的每一代龐德都有那麼點木訥寡言。「回答寧短勿長，能一個字解決最爲理想。然而，龐德不僅是在言語上給出精簡的回答，連他的臉部表情也是，這就是他的魅力所在。」畢提說，「龐德鮮少露齒。」而這是靈長類的特徵，畢提補充。露齒代表順服。「湯姆·克魯斯的牙齒都給人看光了。這就是爲什麼女人鮮少將他視作霸氣的男人。她們會覺得他像個孩子。」

但是六〇—四〇法則呢？我問。詹姆斯·龐德的話量顯然不及百分之四十，但女人還是沒有辦法對他說不。他爲什麼可以不甩六四法則還沒事？

畢提給出了一個簡單的解釋：「他是龐德，你不是。」

如何把話說得更好——

另外一個提高第二次約會機率的辦法是：問問題。哈佛商學院教授艾莉森·伍德·布魯克斯（Alison Wood Brooks）研究的主題是，在商場脈絡下的對話藝術——但她的一項實驗是以研究快速約會者作爲主要論點，她觀察的是爲什麼有些人能配對成功，有些人不能。

布魯克斯開了一門名爲「怎麼把話說得更好」的課，並在當中推行一種對話練習，她稱之爲TALK，展開來就是：Topic selection（話題的選擇）、Asking questions（問問題）、Levity（輕鬆）與Kindness（溫暖）。能夠「把話說得更好」這項能力有助於MBA學生爬到企業階梯的頂端。除此之外，布魯克斯的方法也可以幫助你脫單。

布魯克斯偕其他幾位哈佛學者所研究的結果來自一場快速約會實驗，過程中，研究生被安排進到禮堂裡，緊接著刷刷刷地進行了全長二十四分鐘的快速約會。事後，快速約會者會被問及是否願意和遇到的每一個人進行第二次約會。結果，獲得更多第二次約會機會的，都是那些在爲時四分鐘的第一次約會中提出問題最多的人。「事實上，每次約會只要多問一個問題，你就能（在二十次快速約會中）多爭取到一個人願意跟你出來第二遍。」布魯克斯在《哈佛商業評論》的一篇文章中解釋說。

在另外一項研究裡，哈佛學者們爲測試對象安排了十五分鐘的線上對話，並且指示當中一些人要問九個或以上的問題，另一些人則不能問超過四個問題。結果同樣是前者較受到對話者的青睞。只是這招也不能無限上綱。問題過多會讓你被倒打一耙，主要是你的說話對象會受不了過多的問題轟炸。恰到好處的平衡點——同時掌握好發問跟傾聽的技巧——可能是你找到夢中情人的金鑰。

七—三八—五五法則

另外一件在跟約會對象說話時要謹記的事情是：你的心思鮮少是透過口中說出的文字來傳達——這部分大概只占百分之七，這是加州大學洛杉磯分校的心理學教授艾爾伯．梅拉比恩（Albert Mehrabian）在半世紀前做出的研究結果。其餘的部分，是靠聲音語氣和肢體語言來傳達——聲音占百分之三十八，肢體占百分之五十五，所以才有了梅拉比恩的七—三八—五五法則。

梅拉比恩說，七—三八—五五法則是他在一九七一年的著作《無聲的訊息（暫譯）》（*Silent Messages*）中所提出。這本書很受一些企業經營教練以及聯邦調查局的人質談判專家喜愛，這當中也包括ＦＢＩ的克里斯．佛斯（Chris Voss），他認爲非語言的線索以及口語跟肢體語言之間的矛盾處——也就是所謂「口是心非」的訊息——

可以供我們讀取並轉化為自身的優勢。

梅拉比恩讓學生聽取由三種不同語氣——喜歡、中性、厭惡——錄製成的單字：親愛的、寶貝（honey）、也許（maybe）、粗野（brute），並同時觀看旨在傳達這三種情緒狀態的照片進而得到這個結論，他發現視覺影像在傳達意義上的效果更好。

梅拉比恩的研究方法受到了一些批評，而梅拉比恩自己則偶爾會宣稱他的研究結果遭到了誤解跟斷章取義。你可以在數字上去討價還價——也許這法則的比例應該是十比二十比七十，或三十比二十比五十——但整體而言，不爭的事實是非語言線索可以傳達出比口說更多的訊息。

七—三八—五五法則提供了你一件強而有力的工具，讓你能跟伴侶進行更良好的溝通。其中包括你將更能理解伴侶真正想要告訴你——或不想告訴你——的事，更甚的是，能把你想說的事清楚傳遞出去。如果你的伴侶在試圖解釋昨晚的去向時，話比平常多，語氣也比平日重，你可能就需要做一些偵探工作了。想弄清事情的蹊蹺，你必須不動聲色，讓你的伴侶繼續進行長篇大論。你只消舒舒服服地坐著，丟出問題，讓長時間的暫停懸在空氣中，還有——最重要的——觀察。觀察他的肢體語言。聽他說話的口氣。你的語氣則要保持冷靜，不要失控。你的肢體語言要保持開放、直接。不要咄咄逼人。不要跟他吵，也不要把他當犯人審問。你的話愈少，能從他身上看出的端倪就愈多。

即便是在一些沒這麼劍拔弩張的場合裡——可能你只是在進行日常的對話，比方說，爲了彼此的關係和你內心的感受在與人促膝長談——你還是要將七—三八—五五法則放在第一位。你的遣詞用字不是不重要，只是不如你以爲的重要，而且，字數也絕對不是愈多愈好。你應該把重點放在說話的語氣上。咄咄逼人或過於強勢，只是在搬石頭砸自己的腳，只會讓你的伴侶愈加無法理解你想要傳達的訊息。多思考你的肢體語言，保持眼神接觸與中性的臉部表情。另外，也請保持開放性的姿勢。

提防四騎士——

你說話的方式與交往關係的成敗息息相關，所以心理醫生只要聽你說話，就能判斷出你最終保不保得住你的婚姻。約翰・嘉特曼（John Gottman）是華盛頓大學的心理醫師，他研發了一套辦法，用以預測新婚夫妻會不會離婚，且準確率高達九成。他進行這種預測的根據就是小倆口說話的方式。他的研究始於訪問了五十二對夫妻，並觀察了他們在回答有關兩人戀愛史時的行爲表現。根據訪談的對話過程，嘉特曼預測了他認爲哪幾對夫婦會分手，三年後，他再去確認現況時，他發現自己的預測幾乎全中。

有了這種憑著解讀溝通方式成功預判離婚的能力，嘉特曼便能指導夫婦該如何「把話說得更好」。把話說好，他們就可以避免離婚的命運，或至少能保有一點白頭偕老的機會。由此而生的，便是「嘉特曼的婚姻治療法」，這項治療法後來又衍生成「嘉特曼機構」（Gottman Institute）。嘉特曼與人合著或獨力寫成的著作達四十本。事實上，以嘉特曼的理念爲核心的產業已經興起，而當中，很多建議都涉及各種「閉上鳥嘴」的學習法。從最終以離婚收場的夫妻裡，嘉特曼確認出四種不健康的互動，他稱之爲「天啟四騎士」：批判、鄙視、冷淡防範、拒絕溝通。鄙夷是這當中最糟糕的一個，它演化自另外三者。嘉特曼談到過所謂的「淹沒感」，只不過此處讓人感覺被淹沒的不是水，而是你另一半的鄙視或批判。

嘉特曼是談話治療的信徒，他堅守著「建設性吵架」的陣營。雖然「把話說開」不是我的菜，但嘉特曼的作法中，確實有一些面向站得住腳——像是他認為你一開始感覺到淹沒感，最好的做法就是閉上嘴，轉身離開。

休息個二十分鐘，做點可以讓你平靜下來的事。散個步。花點時間冷靜或自我安撫，或許你就會轉念，覺得自己不需要開這個口，談這個話。就算你還是想繼續剛剛的對話，緩衝過的你也會比較能冷靜地開口。再者，安撫過自己的你，也會比較有能力安慰你的伴侶。此時，要是你的伴侶能投桃報李，那你們就可以轉危為安，發展出一種撫慰大會串的良性循環。

嘉特曼談到了「硬開頭」與「軟開頭」，用以區分一場對話的兩種開啟方式。用酸言酸語或負面情緒開啟一場對話，你很難期待交流能多麼順利。反之，把身段放軟後再進行對談，能讓你運用一些閉上鳥嘴的技巧，像是把聲音放小、留下一些暫停、說話不要太快、話不要太多且要試著傾聽。

嘉特曼其他的建議還有：該放手就放手。總是會有你解決不了的問題，所以，何苦逼死自己？有些東西就是在那兒，也永遠會在那兒。也許，你娶的女人就是會把所有的廚房用品——果汁機、攪拌機、壓力鍋、電子鍋——通通堆在流理台上，永遠不會收納好，即便她幾百年也使用不到一次，但她還是寧可將那些東西留在那兒占位子，讓你家原本就不大的廚房變得更加雜沓，而雜沓簡直要把你逼瘋了。待你受不了自己動手把東西收整好，她又會把東西重新搬出來，放回流理台上（不要問我這個例子是不是親身經驗）。

這就不是你可以解決的問題了。你要爲了流理台上的鍋碗瓢盆分手嗎？學著妥協，你得要了解妥協是什麼意思：「妥協不是要某一個人改變。妥協的內涵是談判、是找出方法去彼此包容。妥協不是不可能，但前提是，你願意接受你伴侶的缺點。」嘉特曼機構建議。訓練自己去忽略廚房裡的雜亂。學著偶爾裝聾作啞。絕對別忘了，管好你那張嘴。

自學閉上鳥嘴——

喬・卡巴金（Jon Kabat-Zinn）在麻省理工學院取得分子物理學的博士學位後，

轉行跑去鑽研佛理，最後，成了一名正念導師與麻塞諸塞大學醫學院的減壓門診創始人。卡巴金開發出一種STOP技巧，不僅在認知行爲治療中受到廣泛的使用，在感情關係中也有很好的效果。這個技巧有助你閉上鳥嘴，可以讓你在即將禍從口出或悔不當初前的那一剎，懸崖勒馬。

STOP是一個縮寫，這四個字母分別代表的是：

- **Stop**：暫停你正在做的事情，不論你正打算要說些什麼都別出口。
- **Take a breath**：深呼吸，藉由呼吸錨定你的情緒。
- **Observe**：觀察，領略一下你內心的變化，你有什麼感覺？我是指生理上，你的體內感受到了什麼？你爲什麼會這樣感覺？
- **Proceed**：前進，如果你有很重要的話非說不可，說的時候，請帶著目的性與正念。當然，你可以三思的話是更好，能放下就放下，能當啞巴就當啞巴。

這個小小的練習簡單到不能再簡單，卻也難到有如登天般難。你需要自律、需要練習，才能學著讓自己的煞車變利。我得承認，在我和妻子復合的一年半裡，這個技巧救過我好幾次。

紅綠燈守則

美國公共廣播電台主持人暨心理學家兼職涯教練馬諦・內姆科（Marty Nemko）說：在旁人開始精神渙散之前，你有三十秒的時間可以表達你的重點。

因此，當你在Tinder上配對成功，跟對方坐在一起喝咖啡的時候，光是堅守六十─四十法則去達成兩人話量上的平衡是不夠的。你還需要將你的評論拆分成小塊。

爲了達成這項目的，內姆科開發出紅綠燈法則。前三十秒，你所處的是暢所欲言的綠燈區。然而，在第三十秒，燈號會轉黃。你的對象的注意力會開始飄走，尤有甚者，他們可能會希望你能馬上做總結。你可以闖黃燈，但過程中，你必須如履薄冰，要先確認過對方的臉部表情與肢體語言。如果對方的眼神變得呆滯，就把球丟回到對方手中。要是對方眼睛還沒有失神，那你就可以繼續。

但時間來到一分鐘時，你面對的就是紅燈了。你的Tinder約會對象已經聽不到你在說什麼，轉而意淫起咖啡店一隅，一名獨坐的帥哥。這時，若你繼續講下去，她們就會拿出手機傳訊給其他配對成功者了。

「在絕大多數狀況下，你都不應該『闖紅燈』，除非：聽你說話的對方很明顯投入在你傳達的訊息中。」內姆科建議，「但基本上，發言超過一分鐘之後，每多一秒，你都會陷自己於將聽者無聊死，以及你是個話多、長舌、愛吹牛之人等負面印象的風險中。」

內姆科的建議是在第三十秒處稍停一下，判斷一下你的對象想不想繼續往下聽。要是想，他們有的人會提問。但他同時也表示，那些對象鮮少真的這麼做。如果你需要解釋某件一分鐘內無法解說完的事，內姆科建議將之拆成三十秒一塊，然後在每一塊結束時詢問一下對方，「你有聽懂嗎？」、「你有什麼想法？」

三十秒登出的建議，有其科學上的理論根據，它主要牽涉到神經生理學與賀爾蒙的原理；內姆科的朋友兼同事，也是紅綠燈守則的支持者馬克・葛斯登（Mark

Goulston）如此表示。葛斯登是精神科醫師與《先傾聽就能說服任何人》（*Just Listen: Discover the Secret to Getting Through to Absolutely Anyone*）的作者。他說，當人一開始一吐爲快就會釋放多巴胺這種爽感賀爾蒙，所以你會欲罷不能。而你欲罷不能的結果，就是葛斯登所謂的「動能盲目」。他對此的比喻是，「你一順起來，耳朵就會被蒙上一層煙霧。」

問題是，你在爽用多巴胺的同時，對方的可體松卻被你給激發出來。須知可體松是一種負面賀爾蒙，是當人處於戰／逃抉擇時，會分泌出的激素，它會讓人感受到壓力，感覺到恨意。回想一下你自己遇到喋喋不休的聊天對象時那種感受。你是不是會開始覺得焦慮，甚至出現幽閉恐懼。你想逃跑想得要死。更重要的是，你可以思考一下自己是多快開始出現這些情緒。若按內姆科所說，這多半發生在第三十秒的時候，或至少絕不會超過一分鐘。這當中的奧妙在於「時間感」這個很有意思的東西。當你在說話的時候，三十秒感覺起來像是三秒，但當你在聽人說話的時候，三十秒感覺起來會像是三分鐘。

溫馨的專業小提示：用智慧手錶練習。設定計時器，讓錶在三十秒或六十秒的時候提醒你。剛開始，你可以在打電話跟開Zoom視訊會議時做這種練習，因爲在這些場合中，沒有人看得到你在看手錶或手機。然而，即便是當著他人的面，你也可以避人耳目地偷偷將提醒鈴聲按掉。久而久之，你就能抓到三十秒或六十秒大概的長度，之後，你就不需要計時器了。你也可以在計時器的輔助下去觀察當聽衆的自己，看自己多久會開始對說話的人感到不耐煩。你甚至可以量化自己煩躁的程度，這點，靠著追蹤心率就能辨得到。

內姆科並不否認有時候要長話短說有其難度，並強調遵守紅綠燈守則不全是爲了風度或禮貌。你不是在幫助對方，你是在幫助自己：「如果你把只會說個不停的自己改造成一個會說也會眞正傾聽的人，你會得到更多，且有助於你獲得你想要的東西。」

就價值上來說，紅綠燈守則也適用於Tinder的個人檔案上。Tinder這個約會交友軟體的創始人尙恩．拉德（Sean Rad）曾建議用戶該如何打造出最完美的個人檔案：「簡單明瞭就對了。」他在二〇一九年時這麼告訴《GQ》雜誌，「沒有人一滑進來就想要看你的傳記式小說。我們將自我介紹的文字上限設爲五百個英文字母不是沒有原因的。」

五百個英文字母換算起來約爲一百個英文單字多一點，讀完它們，大概需要二十秒多一點的時間。當然，如果能不讓這五百個字母的額度剩下很多，那就更好了。這裡的核心概念是，要讓人對你產生興趣，但又要留一些東西給人探索。對彼此有所不知你們才有理由對話。而當你們有機會對話時，別忘了要遵守交通規則，也別忘了要閉上鳥嘴。

1 **environmentalist named John Francis**: "How Do Years of Silence Change Someone?" NPR, November 21, 2014, https://www.npr.org/2014/11/21/364150411/how-do-years-of-silence-change-someone.

2 **most important thing you will ever do:** UC Berkeley Campus Life, "The Science of Love with Arthur Aron," YouTube, February 12, 2015, https: //www.youtube.com/watch?v=gVff7TjzF3A.

3 **"relationship closeness induction task"**: Constantine Sedikides, "The Relationship Closeness Induction Task," *Representative Research in Social Psychology* 23 (1999): 1–4, https: //www.psychology.uga.edu/sites/default/files/RCITarticle1999.pdf.

第九章

STFU:

The Power of Keeping Your Mouth Shut in an Endlessly Noisy World

閉上鳥嘴，就是力量

如果你任職於國際雜誌出版集團《康泰納仕》(*Condé Nast*),然後,你發了一封電子郵件給安娜・溫圖(Anna Wintour)向她抱怨某個同事,那麼,安娜這位《Vogue》雜誌總編輯暨康泰納仕集團所有雜誌內容負責人會不留情面地下狠手:她不會回你的信,而是一不作二不休地將你的信轉給你抱怨的對象。我猜,被這麼轉過信的人,應該不敢再隨便抱怨同事了。此外,溫圖也從來不在電子郵件上編寫主題,理由是:幹嘛浪費那個時間?

亞馬遜創辦人傑夫・貝佐斯發明了一種「貝佐斯問號法」。遇到公司內部或外部有人發電子郵件向他抱怨事情時,他會把信轉寄給該名需為此負責的人,然後加上一個字符——就一個字符而已喔——「?」。從他們難搞出了名的老闆處收到這個問號,是亞馬遜員工揮之不去的噩夢。

這就是安靜的力量。貝佐斯與溫圖都不需要大聲罵人,甚至根本什麼話都不消說。他們只需要點一下滑鼠——就足以讓人皮皮挫。貝佐斯與溫圖本身大權在握且極具威嚇性,這點當然也有幫助。他們倆都實施了企業管理上的恐怖統治,讓人躲在辦公桌下泣不成聲。這兩位老闆也都為自己塑造出相當於〇〇七電影裡的反派造型。溫圖是英國人，臉上戴著明顯過大的墨鏡，而且，一副嘴裡有第二排利如剃刀之齒的模樣。她的冷酷無情已然是一個傳奇。貝佐斯也不遑多讓。他對倉儲員工頤指氣使，對高階主管極盡羞辱之能事，不單如此，儘管他身價已高達近兩千億美元，據說，他告訴員工說，他們應該付錢讓他在亞馬遜工作。曾經的宅男成為億萬富翁之後，變身成了電影《王牌大賤諜》裡的邪惡博士：光頭、超級遊艇、陰莖造型的太空船，甚至連印度第一任總理尼赫魯愛穿的那種「中山裝」都一應俱全。

即便是剛出社會，二十出頭且還做著各種基層工作之時，溫圖就在沉默寡言中氣勢過人，頗有她在倫敦擔任報社總編、大權獨攬的老爸之風。晚餐時，她會安靜地坐著。「身為一個小小的時尚助理，安娜在那些日子裡的力量來自於她的寡言。」一位熟人曾在《安娜：官方傳記》（*Anna: The Biography*）作者艾美・歐戴爾（Amy Odell）的面前如此回憶說。還有人是這樣形容溫圖的，「柴郡貓的沉默。你知道她的腦袋裡在想很多事，只是不讓你知道她在想什麼。」在一次走路去開會的途中，溫圖沉默得有些異常，引得一名同事關心地問，「妳不聊天的嗎？」溫圖回答：「我只跟朋友聊天。」

貝佐斯跟溫圖並不是用沉默在獲取力量——他們已經什麼都不缺了——他們是用沉默在維繫力量。他們深知一個非常重要的道理：沉默就是力量，力量就是沉默。開口說話只會浪費力量。那就像是你一開始的電池量是飽滿的，而你吐出的每一個字都會消耗你的電量。「有權力的人會爲了讓人記住他們、讓人敬畏他們而刻意少說話。」羅伯．葛林（Robert Greene）在《權力世界的叢林法則》（*The 48 Laws of Power*）這本如何獲得權力跟使用權力來圖利自己的入門書中，如是說，「你說得愈多，你看起來就愈普通。」在他一共四十八條的叢林法則裡，第三條是：隱藏你的意圖。第四條是：永遠少說一句。

你說得愈少，就愈具神祕感，而神祕感就等於力量。普普藝術大師安迪．沃荷（Andy Warhol）從來不解釋他的作品，不然就是用一些怪誕或模稜兩可的答案將採訪者逼瘋。有次，他去上媒體大老梅夫．格里芬（Merv Griffin）的節目，整個過程中，他要嘛點頭，要嘛用氣音說話，你從頭到尾能聽到的只有「是」跟「不是」。那一幕有目共睹。「經驗告訴我，閉嘴可以增強你的力量。」沃荷表示。

大權在握之人永遠比身邊的人話少。那就是爲什麼我們會形容某樣東西強大而沉默，卻不會描述某樣東西是強大而囉嗦的。話多者給人的印象就是孱弱、無能、欠缺自信，而省話之人則會讓人感覺堅強、神祕且自信。你可以想想克林伊斯威特飾演的骯髒哈利，再想想金凱利演出的王牌威龍。這兩人在戲中都是警探，但一個是高冷硬漢，另一個卻是跳梁小丑。一個可以跟女人交往，另一個只能跟動物同居。

即便你的志向不是成爲手握世上最猛槍枝以執行私法正義的舊金山警探，也不是當一個糟蹋下屬而不用負責的暴君型時尚雜誌總編，更不是成爲一個駕著火箭進入太空的科技億萬富翁，也不代表你不需要權力。權力是我們生存所需。權力是我們用來控制周遭世界的能力，這包括日常的瑣事或改變人生的大事，這些，都需要我們拿出權力去應對。我們的大腦渴望那種事事物物操之在己的感覺，懼怕無助感或無力感。疫情封城期間，讓很多人差點被逼瘋的就是那種什麼都做不了、無能爲力的感受。

只是，很多人完全沒有意會到，我們一天到晚因爲多話，進而或多或少地流失了自己的力量。回想一下，你上次把事情狠狠搞砸，那種你一想起來就會渾身瑟縮，會希望自己不曾做過或者可以重新來過的事件——通常，多多少少，那些麻煩的開端，都始於你虛擲了自己的權力。你失去了對局面的掌控，你放棄了自己的優勢。因爲，你沒有能閉上你那張嘴。

但我們可以學著改善。路易十四天生就是個話匣子，但他成功訓練了自己惜字如金，以便對身邊的人展現權力。透過保持沉默並讓其他人說話，路易得知了關於旁人的一切，而旁人對他在想什麼卻一無所知。「路易的沉默讓人在他的身邊戰戰兢兢，只能任他宰制。這便是他權力的基礎之一。」葛林說。

簡潔，傳達著力量——

力量與溝通的結合有一個祕訣：你用的字數愈少，每一個字帶有的力量就愈大。甘迺迪在柏林圍牆前的演說——那場「我是柏林人」（Ich Bin Ein Berliner）演講——只花了不到十分鐘。小羅斯福在珍珠港事變後發表的「國恥日」演說，一共就六分半。二戰時期，邱吉爾的「永不放棄」演說是四分鐘。如果這些美國總統跟英國首相可以用幾分鐘的時間就成功鼓舞整個國家，那你早上站著開會時的致詞，肯定應該要費時更短吧。

要練習不多話，一個不錯的起點是電子郵件。掌控權力的人，沒有時間浪費在冗長的電子郵件上。同樣的法則也適用於演講，信件亦然：小小的、短短的信，就是封好信。你寄出的電子郵件愈少，郵件裡的字數愈少，你展現出來的權威性就愈大。

行銷大師蓋伊・川崎（Guy Kawasaki）說，完美的電子郵件的基準是五個句子，可以少不能多。長郵件只會破壞你的生產力，加重收件人的負擔。一般的勞工每天會花百分之二十八的時間讀電子郵件，管理顧問公司的顧問麥肯錫表示。像這種垃圾，實在不需要你再去錦上添花，不是嗎？

前《紐約客》編輯蒂娜・布朗（Tina Brown）的恐怖程度與安娜・溫圖幾乎不相上下。在某個時間點上，她們曾經在康泰納仕內部暗自較勁，看誰才是暴君中的暴君，邪惡到足以登上那個社內同仁戲稱為「康太辣死」（Condé Nasty）的寶座。和溫圖一樣，布朗也很擅長展現權力的藝術。她有個流傳在員工間、令人難以忘懷的傳奇事件，事關她發給某位編輯的簡訊（有可能是虛構的），訊息內容是要詢問一位名叫納瑟尼爾・費克的作者，然而，她是這樣寫的：誰他媽的是費克？

短郵件傳達的訊息是你很忙，且清楚知道自己在講什麼。囉哩叭嗦的長郵件給人的印象則是，你不知道自己要做什麼，還沒有把事情想清楚，你不尊重他人的時間。

你可以試試看所謂的百分之五十法則。寫好郵件，數清字數，然後，重寫一封字數只有一半的版本。精簡的信寫起來更花時間，但你的訊息會因此更有影響力。你的訊息愈短，被人跳過不讀的機率就愈低。而且，有一點請銘記在心：林肯那篇震古鑠今的蓋茨堡演講稿，全文只有兩百七十二個字。你現在覺得你那篇新行銷計畫有需要更新一下嗎？

電子郵件最理想的字數是零。意思是：能不寄最好。用歌手大衛・拜恩（David Byrne）的話說就是，「沒有話要說的時候，我的嘴就會貼上封條。」不寄信也不會怎麼樣的情況，比你想像中的更多。

就算是收到別人傳來或寄來的訊息，你也不見得封封都要回。事實上，訊息或電子郵件版的「已讀不回」可作爲一種在衝突中，向對手宣示力量的絕招。革命傳奇人物切格瓦拉說過一句名言，「沉默是一種另類的宣言。」

律師布列特・拉帕波特（Bret Rappaport）說過，律師可以使用「雄辯的沉默」

與對手側面溝通——拒絕回應對手的發言也可以傳達出大量的訊息。拉帕波特引用了語言學家威廉・薩瑪林（William Samarin）這位認爲沉默並非空空如也的先驅學者所言：「沉默可以有其意義，就像數學裡的零。沉默的空是一種有功能、有作用的空。」

賈伯斯曾說，他不僅自豪於那些他做出來了的產品，他也同樣爲那些他沒有做出來的產品而驕傲。我對那些我沒有發出去的簡訊跟電子郵件，也有相同的感受。

魔術數字七——

強大的溝通者不只用的字數少，他們還會把字句的流動拆散成由暫停區隔開來的小區塊，藉由人類大腦的運作方式來取得優勢。

超過半世紀前，哈佛心理學者喬治・米勒（George Miller）出版了該領域中，非常著名的一篇論文，標題是「魔術數字七，加或減二：我們消化資訊能力的一些限制」。米勒判定，人類大腦的短期記憶在同一時間可以持有五到九筆資訊，並且會把成串的文字或數字拆解成小塊。只要遵照米勒法則——「七加減二」——你的話語就能產生較大的影響力。此外，你在說話時要以小塊爲之，並把暫停當成括號使用。觀看歐巴馬總統演講的影片，你就能看到上述原則的實作過程。你不需要用上像歐巴馬總統一樣的大型暫停，他那麼做是因爲他的演講有成千上萬的人在聽。你可以不用做得那麼大手大腳。在言談中添加暫停有一個額外的好處，就是你可以有機會緊急煞車，免得自己說出日後會後悔的話——你說話會變得更有目的性，而非像機關槍一樣亂槍打鳥。

執行長vs.企業掠奪者——♥

英德拉．努伊（Indra Nooyi；漢名：盧英德）是近二十年來，一位相當傑出的大企業執行長。每當有人列出全球最有權力的女性清單，她都一定會上榜，而且往往名列前茅。但你很可能沒有聽過這個人。其中的一個原因是她所出掌的並非大眾熟知的那些矽谷科技企業，努伊管理的是百事可樂。但另外一個更重要的原因是，不同於很多科技業的男性執行長，努伊拚了命地在保持低調。

百事可樂並不如社群網路或自駕車性感，但它是一個龐大的全球企業集團，年營收高達八百億美元——超過特斯拉跟推特——的總和。百事可樂旗下擁有（過）數十個餐飲品牌，如Taco Bell、必勝客、肯德基、菲多利、純品康納、桂格燕麥、開特力。換句話說，百事可樂是個有著超過百年悠久歷史，極其龐雜的組織，其麾下二十七萬名員工的生計，全取決於一位執行長在企業經營上的睿智決策。

要接下一家《財星》五百強企業的經營工作，對任何人來說，都是一項壓力山大的挑戰，但女人要攀登這座大山，稱得上分外困難。二〇〇六年，努伊接下百事的統馭大權時，《財星》五百強中，只有十家企業的執行長是女性，而放眼《財星》前一千大企業，女性執行長也只有寥寥二十名。

努伊不是那種善於賣瓜的老王。她不會刻意閃避媒體，但她也不會去追逐鎂光燈（你若知道有多少大企業的執行長在私底下運作設法登上雜誌封面，我保證你會嚇一跳）。談到記者，「我向來保持著戒心。」努伊在她的自傳中回憶說。她個性好相處，兼具可以卸除別人心防的笑容與幽默感，但同時，她也非常強悍且聰明。她在大學時代同時主修物理、化學跟數學，之後，進了耶魯的研究所，取得了商學碩士學位。要是低估她，你可就大錯特錯了。想當然，在她成爲百事可樂的執行長前，沒有人把她放在眼裡。

在這些看輕她的人當中，最值得一提的是一位專門從事惡意併購的企業掠奪者，尼爾森・佩爾茲（Nelson Peltz）。看過電影《華爾街》嗎？記得電影裡由好萊塢男星麥克・道格拉斯飾演的高登・蓋科（Gordon Gekko）嗎？佩爾茲就是現實版的蓋科，但神色更兇狠一點。他從小在布魯克林替家裡的農產批發公司開貨運卡車，大學最後也沒能念完。但今天的他，住在華麗且鍍金的億元級棕櫚泉超級豪宅裡，宅邸名爲「悲傷之山」（Montsorrel），豪宅的女主人是他身爲退役名模的第三任妻子。二〇一六年，他替他的鄰居募集到一大筆競選款項，那位鄰居叫作唐諾・川普。

這樣你懂了吧。

佩爾茲的身價之所以能如此斐然，靠的是強占企業的惡霸行徑，得逞後，再將之大卸八塊，然後一塊一塊地賣掉。他鎖定的目標是大財團，而且，似乎格外沉迷於「由女人統理的《財星》五百強企業」，長年替《財星》雜誌撰稿的派翠西亞・賽勒斯（Patricia Sellers）如此寫道。她並指出，佩爾茲之前已經追殺過食品大廠億滋（Mondelez）的執行長艾琳・羅森菲爾德（Irene Rosenfeld）以及杜邦的執行長艾倫・庫爾曼（Ellen Kullman）。

很快地，就輪到了努伊。在以執行長之姿入主百事之後，努伊昭告外界，她將帶領公司朝著新方向發展。她打算把健康食物加進產品陣容中，百事可樂將成爲解決環境問題與永續發展的佼佼者。更重要的是，百事可樂會針對女性與家庭提供更多支持。但這些做法不是爲了打造好的形象，而是爲了讓公司更有競爭力。這項計畫的成效無法立竿見影，努伊估計大概需要十年，這條新路線才能有所成果。然而一旦成功，百事可樂就可以脫胎換骨，迎來第二個百年榮景。與其對短期的業績斤斤計較，她展現出更長遠的眼光。與此同時，她也在冒一個巨大的風險，華爾街的耐性往往不長，豺狼虎豹虎視眈眈。但努伊確信自己在做的是擇善固執的事。

察覺到她的弱點後，佩爾茲買下了一堆百事的股票，並嘗試發動了惡意收購的攻勢。他開始要求董事會的席次。等進了董事會，他打算藉事端逼迫公司賣掉一些部門，好藉此收割一波股價價差。擋路的努伊成了他的眼中釘，於是他決心要剷除努伊。他在媒體上攻擊她，批評她的種種決定，對她處處吹毛求疵。他背著她偷偷去遊說百事的其他董事，希望能把她拉下馬來。但努伊不為所動。但凡佩爾茲要求開會，她都會騰出時間給他，並且很有誠意地聽他暢所欲言。「你要是有什麼好點子，我一定洗耳恭聽。」她告訴佩爾茲，「但我無意讓一家好公司毀於一旦。」

想在華爾街為其計畫找到盟友的佩爾茲發表了一封三十七頁的公開信，在當中說明了他為何打算拆解百事可樂，他主張有志之士團結起來對付公司派，有錢大家賺。百事可樂也不甘示弱地發出了公開信回應，信中，公司除了感謝佩爾茲先生對公司經營的熱情參與，同時也向他保證董事會已經研究過他的提議，但認為公司應該堅持努伊的長遠規劃。

佩爾茲一連攻擊了努伊三年。他想要藉著開闢一座長期戰場，讓努伊處於必須時時刻刻為自己的決策辯護的窘境。他想讓努伊為了分心對付他，而無法全心全意投入在公司的經營上。但不論佩爾茲怎麼說她，努伊都是採冷處理。她從來都不會嗆回去。她回嗆幹嘛呢？在鏡頭看不到的地方，她或許有來自董事會的壓力要扛，但在鏡頭前，在大庭廣眾下，在有佩爾茲戲份的地方，她永遠像是一尊不開口的獅身人面像——雄辯的沉默。

我確信這招把他逼傻了。

最終，努伊的集團改造計畫開始奏效。營收開始往上爬，股價也有所上揚，百事可樂得以持續發放優渥的股利給股東。佩爾茲看起來就像個耍了場猴戲的白癡。即便如此，努伊也沒有在那兒看笑話，反倒顧及佩爾茲的面子給了他台階下。她向佩爾茲宣布停戰，在董事會裡給了他一個席位，但有個附帶條件——這個席次必須掛在佩爾茲的顧問之一威廉·強森（William Johnson）名下。威廉·強森是亨氏食品（Heinz）前執行長，跟努伊一樣，也曾面臨一場與佩爾茲的代理權爭奪戰，不同於努伊的是，威廉·強森是那場戰爭中的輸家。努伊藉此傳達給佩爾茲的訊息是：當然，我們可以給你一個董事席次，但掛名的必須是你的手下敗將，那個沒有勇氣對抗你的傢伙。努伊公開感謝了佩爾茲曾提供的「有建設性的討論」跟「寶貴的意見」。佩爾茲隨即出清股票閃人。

努伊沒有歡天喜地，也沒有幸災樂禍，更沒有自吹自擂。她不需要。所有人都知道這場鬥爭誰贏誰輸。三年後，二〇一八年，努伊從百事可樂功成身退。在她任內，努伊成功地將百事可樂的市值從九百億美元翻倍到一千八百億美元，這也使她成爲她在線同時期，無人可出其右的傑出執行長。《富比世》雜誌更點名她是全球第二有影響力的女性商業領袖。二〇二一年，她出版了自傳，其中，關於佩爾茲的篇幅雖然只有寥寥兩頁，卻足以彰顯她對佩爾茲的以德報怨。然而，她也確實在書中指出，靠著她的改革計畫，佩爾茲從持有的百事股票中賺得了可觀的利潤。

這就叫力量。

以黑手黨為師

在《教父》續集中，由勞勃．狄尼洛所飾演的年輕版維托．柯里昂（Vito Corleone，電影中，紐約黑手黨柯里昂家族的第一代領導人，也就是初代教父）請求地方上的一位房東羅伯特高抬貴手，不要將一個女人逐出她租的公寓。羅伯特叫柯里昂滾，甚至威脅要「把你的西西里屁股踢到街上」。

不久之後，羅伯特出現在柯里昂的辦公室裡。就在他跟社區裡的人聊到了柯里昂，知道對方的來頭嚇得屁滾尿流之後。他在柯里昂面前語無倫次地反覆解釋著——極盡低姿態。他說他錯了。當然，他的那間公寓那女人想怎麼住就怎麼住！羅伯特想確認柯里昂不會爲了這件事對付他，但柯里昂並不打算讓他心安。所以，柯里昂裝起了啞巴，一裝就是十秒。

羅伯特原本是想漲五塊錢房租的，此時，他提出了新的條件。

「租金跟以前一樣就好。」他說。

柯里昂依然一聲不吭。

「要降價也行。」羅伯特諂媚起來，「房租減五塊。」

照舊，柯里昂讓沉默繼續懸在空氣中。

羅伯特再加碼。「減十塊，柯里昂大人。」

十塊，這還差不多。

「減十塊？謝囉。」柯里昂說。

兩人握手成交。嘴上還在叨叨絮絮的羅伯特朝著門口飛奔而出。

柯里昂原本就占有上風，局面完全在他的掌控之中。他不用說話，一樣可以討價還價。事實上，沉得住氣愈久，他的議價空間就愈大。

代表力量的沉默貫穿了《教父》的全系列電影。麥可・柯里昂（Michael Corleone；由艾爾・帕西諾飾演的第二代教父）也跟父親一樣精於此道。事實上，即便是現實中的黑手黨也都遵守著名為omertà的行規，即守口如瓶的緘默法則。

你可能不曾聽說過盧・瓦瑟曼（Lew Wasserman），但凡你在一九五〇年至九〇年期間曾在好萊塢工作過，就會處於他的恐怖陰影之下。好萊塢知名男星雀爾登・希斯頓（Charlton Heston）稱他是「電影業的教父」，而他會用教父比喻瓦瑟曼可不是什麼巧合：瓦瑟曼跟幫派可謂過從甚密。

瓦瑟曼掌管著一家名為MCA的娛樂集團，旗下除了電影製片廠與唱片公司外，還控制了廣播電台跟電視台。「好萊塢如果是奧林帕斯山，那盧・瓦瑟曼就是宙斯。」傑克・瓦連提（Jack Valenti）這位電影產業的遊說專家如此形容過。有些片廠高層對於瓦瑟曼的畏懼甚至到了一見到他將憤怒的目光投射過來，就會立即產生昏厥、嘔吐的生理現象。

瓦瑟曼成功的眞正關鍵是，他知道如何閉上嘴巴。從來沒有人知道瓦瑟曼在想些什麼，他始終讓人無法猜透。他鮮少受訪，誰也不信任，也從來不留下白紙黑字的書面紀錄。他從四周的人脈處廣收情報，但本身卻滴水不漏。瓦瑟曼的這種特質承襲自他的恩師，一名製片場老闆朱爾斯．史坦（Jules Stein），他最爲人所知的地方就是他的「惜字如金」，瓦瑟曼的立傳者康妮．布拉克（Connie Bruck）在《好萊塢曾經有個國王：盧．瓦瑟曼的統治，還有他是如何把藝人當成槓桿去揮灑權力跟影響力（暫譯）》（*When Hollywood Had a King: The Reign of Lew Wasserman, Who Leveraged Talent into Power and Influence*）中寫道。

一段對話就是一筆交易。情報就是雙方交會的貨幣。有權力的人總是得到的多，花出的少。

省話者萬歲——

力量與閉上鳥嘴間有著緊密聯繫的最佳鐵證就是：喬．拜登。

拜登覬覦美國總統這個寶座超過三十年——他第一次參選是在一九八八年——但每次參選時，他都會因失言而自爆。如果說蠢話是一門藝術活兒，那拜登就是米開朗基羅。

二〇〇八年，他在會見一名印度裔記者時說，「在德拉瓦州，人口成長最快的族群就是來自印度的印度裔美國人。如果你沒有一點印度口音，就不能去7-11或Dunkin' Donuts買東西。我說的沒錯吧？」

在南卡羅萊納的一場造勢大會上，他點名一位州參議員說，「站起來讓大家看看你」，接著赫然發現那名州參議員坐在輪椅上且半身不遂後，馬上改口，「喔，上帝愛你。我在胡說些什麼啊？」

拜登在二〇〇八年大選期間的胡言亂語之多，以至於共和黨全國委員會索性幫他設了個拜登失言時鐘。在巴拉克．歐巴馬選擇他擔任競選夥伴後，拜登竟然稱呼他「巴拉克．亞美利加」。《紐約時報》管拜登叫「人體嘴炮破壞大隊」，並說，「哪怕只有一天，他在競選活動中沒有發生令人尷尬的失態，都是老天保佑。」

拜登是這麼一個名人堂等級的天兵，乃至於政治學者史蒂芬．法蘭齊奇（Stephen Frantzich）在二〇一二年出版了一本關於政治失言的專論時，封面赫然用的就是拜登的玉照。八年後的二〇二〇年，拜登似乎註定要繼續他搞笑的天命。在民主黨黨內初選的第一場辯論當中，他時而失言，時而老糊塗，時而被其他候選人修理。但就在此時，奇蹟發生了。他突然洗心革面像是變了個人。回答提問時，他開始長話短說，不再滔滔不絕。他的公關讓他遠離了記者。必須與媒體應對時，他只接受少少幾個提問，答覆時，也不再又臭又長。他會稍微接戰便隨即撤兵，決不戀戰。

拜登的改頭換面「顯示出意志力的潛能」，法蘭齊奇告訴我，「他有優秀的幕僚，有人爲他指點迷津。他自知那是他必須跨越的障礙。最重要的是，他想登上大位的強烈渴望，強到足以讓他身體力行。」對那些與拜登共事的幕僚而言，「他們的工作是雙重的。既要教會他說話，又不能讓他說太多話。」

參議員，你可不是傑克・甘迺迪——♥

記憶中，近年來最有力的政治打臉只有二十二個英文字，而且，只花了十秒鐘就說完了。這就是爲什麼那臉打下去會那麼響。

在一九九八年的一場副總統辯論中，民主黨參議員洛伊德・邊岑（Lloyd Bentsen）迎面對上了共和黨參議員丹・奎爾（Dan Quayle）。邊岑時年六十七歲，是個從一九四〇年代起，就在國會服務的德州高個兒。奎爾當年四十一，是個腦袋空空經驗也不太足的國會小咖。

辯論過程中，主持人問奎爾覺不覺得自己有資格在必要時繼任爲美國總統。奎爾聞言開始呈現不耐煩，並花了將近兩分鐘爲自己進行了一段不是很有說服力的自薦——他提到自己的經驗或許不多，但也不會比競選總統時的約翰・甘迺迪少（約翰・甘迺迪是美國史上最年輕的總統）。

邊岑在一旁就像是逮住了老鼠的貓一樣喜形於色。待奎爾話聲一落，邊岑就轉頭直望著他說：「參議員，我跟傑克．甘迺迪（約翰．甘迺迪的外號）共事過。我認識傑克．甘迺迪。傑克．甘迺迪是我的朋友。」他暫停了兩秒鐘，然後揮出了致命的一拳：「參議員，你可不是傑克．甘迺迪。」

轟！觀眾席間爆出了如雷的掌聲，而且那雷聲持續了整整十五秒鐘。遭到雷擊的奎爾頓時消了風。

最後，奎爾還是當上了副總統，但他終其一生，都沒能讓那次的羞辱從人們的記憶中淡出。那就像是邊岑朝他臉上揮了一巴掌，就此留下了永久性的掌痕。喜劇秀《週六夜現場》開始把他的形象塑造成坐在總統大腿上的小孩，而讓他狠狠被嘴的那段話，則被收錄進美國的文化語彙，化爲各種版本出現在電視喜劇與電影情境中。重金屬樂團麥加帝斯（Megadeth）將之寫成了一首歌（歌名就叫作《我認識傑克》（*I Know Jack*））。那段話甚至還有專屬的維基百科頁面。

這件事同樣證明了言簡意賅傳達出的力量更大，堪稱是經典範例。邊岑並沒有長篇大論地敘述甘迺迪與奎爾之間的差異，也沒有指出奎爾的經驗不如競選總統時的甘迺迪。他只說了那二十二個英文字，分成四個簡短的陳述句。他說得少，但傳達出的卻一點也不少。

「被低估」的力量——♥

有十五年的時間，安格拉・梅克爾（Angela Merkel）都是世界上權力最大的女性——同時也可能是最無聊的一個。私底下，這名德國總理顯然很愛開玩笑。她甚至模仿過其他重要國家的領袖，但在公開場合中，她會拉下簾幕。她堅忍、陰沉、不動如山、不露神色，是閉上鳥嘴的大師。「綜觀她的從政生涯，梅克爾始終謹守的美德是靜候時機跟絕不多話。」喬治・派克（George Packer）在《紐約客》中寫道，並稱梅克爾是「安靜的德國人」。

梅克爾揮舞的是另外一種安靜的力量。當她那些男性自大狂的政治敵手趾高氣揚、裝腔作勢地在演講台上大放厥詞時，梅克爾總是收縮內斂，確保沒有人知道她內心裡在想些什麼。她能登上大位，靠的是旁觀、等待，以及在研究對手的同時，保持對方對自己的一無所知來獲取力量。「她的缺乏個人魅力，正好是她的魅力所在。」一名觀察者說。

梅克爾是政治人物裡的「安眠藥」，她的演講沒音沒調，像是存心要催人入眠似的。但她看似沒有個人魅力的一面是會騙人的。你如果被騙了，就會低估她。在她看似無害的外表背後，可是個狠角色。她政治生涯的第一次重大突破，是讓前德國總理海爾穆·柯爾（Helmut Kohl）將她納入麾下，並提拔她進入內閣。九年後，她的第二次重大突破是選擇了一個適當時機，在媒體上捅了柯爾一刀，然後取而代之成爲執政黨的主席。

身爲一名擁有物理學博士學位的前科學家，梅克爾比她身邊的人都聰明，而且，在政治棋局中，她往往能比別人棋高好幾著。但在對話中，她會盡量把話都留給別人說。她討厭閒聊，也受不了蠢蛋，並驅逐那些背叛她的信任之人。身爲德國總理她從來不使用社交媒體，她盡可能地避免接受採訪，甚至拒絕了傳記作家的合作邀約。

「她是傾聽界的大師。」一位同事曾這麼說她，「在對談中，她說百分之二十，你說百分之八十。她給所有人一種『**我想聽聽你有什麼話想說**』的感覺，但事實是，她只花了三分鐘就在內心做出了判斷，所以，有時候她會覺得另外的十八分鐘都是在浪費時間。她就像是一台電腦——『這可能嗎，這個人的提案？』她可以在很短的時間裡判斷出那是不是一種癡心妄想。」

梅克爾不信任歐巴馬言談中的高調言詞，私底下，這位美國總統讓她很不自在。因爲歐巴馬也跟梅克爾一樣，是個把自己藏得很深的人。他就像是一個她無法讀取的謎。她知道如何對付愛撂狠話的大男人，像是俄羅斯總統普丁，但內斂而理智、不會在外頭耍狠的歐巴馬，她始終破解不了。梅克爾跟歐巴馬就像是「共處一室的兩名殺手。他們無須開口——都很安靜，都殺人不眨眼。」梅克爾的同事如此形容。

其實，歐巴馬知道如何激怒她——而且跟她一樣，歐巴馬也把沉默當成武器。在二〇一一年至一二年歐債危機期間，美國政府曾認定是執拗的梅克爾將歐洲（與全世界）搞得一團亂，歐巴馬因而與她冷戰。梅克爾的幕僚嘗試主動向美國發出晤談的邀請，但白宮採已讀不回的態度——這等於是在清楚地告訴梅克爾美國不爽與她談。據報導，在危機期間一次激烈的會議中，歐巴馬把梅克爾氣到哭了——這證明了他對安靜的力量有多麼地操控自如。

梅克爾明白什麼都不說是終極的力量展現，她很清楚，當一個人力量在手的時候，回應攻擊就會顯得多餘。她會保持安靜，讓對手捶胸頓足，自己把自己耗盡。曾經有個來自小到不能再小的左翼反對黨政客在國會發表了一篇措辭非常激烈的演講，當著梅克爾的面，指控她是個以「殘酷無情的老派德國風格」在行事的法西斯主義者。那位女士基本上是在扣梅克爾一頂納粹的帽子——這在任何地方都是極度煽動性的指控，遑論德國。

梅克爾的盟友勃然大怒，口水戰瞬間在嘶吼中開打。但梅克爾似乎全然不放在心上，她刻意忽視這場風波。她坐在德國聯邦議院後排，跟她的內閣官員談笑風生。她走出國會，去外頭晃了幾分鐘，然後回到場內，看起來百無聊賴。她不言可喻的訊息是：你要吠儘管吠，反正當家做主的是我。而且我還要謝謝妳敗票敗得這麼徹底，我保證妳下次選舉連一成的得票率都拿不到，我猜八趴啦。幹得好。

拒絕回應攻擊，有著愛麗絲夢遊仙境裡縮小藥的效果。另一邊的人鬧得愈久，他們就會把自己縮得愈小。他們不過是在朝你扔棉花糖，不痛不癢；終究，他們會把自己搞得像小丑——或在鬧彆扭的嬰兒。他們或許會朝著你口出惡言，希望能引起你的回應。視他們的話為空氣，專注在正事上。要知道，他們說得愈多，你在這段關係中的力量就愈大。好好看戲就是了。

邪教教主賈伯斯——

我曾為已停刊的紙本雜誌《新聞週刊》的科技專欄撰稿。在那段兵荒馬亂的日子裡，記者們總是試圖邀請到知名的企業執行長接受訪談。在這個過程中，很快就能培養出非常靈敏的權力雷達，一個人的權力大小，你一看便知：對方對你的訪問邀約愈是興趣缺缺，他們的權力就愈大。

諸如臉書的祖克伯與亞馬遜的貝佐斯這種等級的CEO，癩蛤蟆就甭想吃天鵝肉了。而且，他們就算開口，也會短得不輸迷你裙，並用一些標準的官方回應打發你。不過，若要認眞比較在媒體間呼風喚雨，對記者頤指氣使的能力，誰也比不過已故的蘋果執行長賈伯斯。而他之所以擁有這種力量，是因為他精通閉上鳥嘴之術。你知道的，賈伯斯這人很讓人抓狂，他只要願意稍稍開個金口，其實是一個非常迷人、聰明、有趣、令人拍案叫絕的傢伙；但他就是死不開口。而他愈是不開口，他累積的力量就愈大。他成了商業線記者間的人形聖杯——能訪問到他，你就會明白什麼叫「一期一會」。

蘋果就在他神祕兮兮的形象下建立了起來。蘋果不搞宣傳；他們搞的是反宣傳。與其嘗試爭取媒體曝光，他們會把記者往外推。我會認爲，在蘋果內部當公關想必是全世界最輕鬆容易的工作，因爲你需要的台詞永遠都只有一句：「無可奉告」。

每當蘋果推出新Mac電腦或iPod音樂播放器時，他們會把一些搶先的公關機送給少數精心挑選出的評論者，而這些意見領袖都知道要好好說話，否則，這種好康就沒有下一次了。蘋果的產品鮮少得到差評，即便是蘋果眞的搞砸了的時候——是不多，但不是沒有——記者也會前仆後繼地出來替他們洗白。

這都是賈伯斯造就的成果。他是操弄與控制人心的大師。他除了是企業執行長也是邪教教主。年復一年，只要蘋果推出新iPhone，果粉就會提前三天去店門口大排長龍，睡在人行道上等開賣。試問，還有哪家公司可以讓人如此瘋狂，如此無怨無悔？

每隔幾年，蟄伏的賈伯斯就會出關接受一次專訪。他這麼做有一個前提，就是他已經想清楚了自己有什麼話要說——通常是他有新產品要推銷。而且，訪談的所有細節都必須在他的掌控之中。

大部分執行長爲了推銷新產品，要嘛就做巡迴宣傳，要嘛就坐在會議室一整天接見排隊的記者。賈伯斯不來這一套，事實證明他是對的。那些拚老命跟記者搏感情的CEO，那些花錢請公關人員「關說」科技編輯、爭取曝光的執行長——全都弱爆了。那樣的執行長隨手一抓就一大把。

爭取媒體曝光與向銀行申請貸款差不多：你愈是不需要的時候，它來得愈簡單。「我要怎麼做才能上像查理．羅斯這種大咖的節目？」一名科技執行長曾這麼問過我。我給了一個模糊的答案。但事實是：只有上不了查理．羅斯秀的人才會這麼問。

賈伯斯之所以能控制主導一切，正是因爲他能讓各家雜誌爲了他爭寵。只有一家雜誌可以拿到專訪的機會，但想要有這個福分跟賈伯斯一對一共處一室，你也得付出代價。蘋果會讓《時代雜誌》與《新聞週刊》互鬥，分別與兩位總編輯談條件。你必須保證賈伯斯能登上封面，這是基本款；但你還有什麼可以加碼的呢？你還可以接受哪些條件呢？你會給這個封面故事幾頁篇幅？你會怎麼寫這個封面故事？基本上，蘋果要的是空白支票，是反客爲主的全盤主導。他們要你把你的雜誌變成蘋果產品的公關手冊。

那些都是極其過分的要求。他們光是敢問出那些話就足以讓人震驚、覺得離譜且無法想像。那些條件全都在膽敢冒雜誌編輯的大不諱。記者一般不會讓新聞主角控制他們報導的走向；雜誌編輯一般也不會將主導權拱手相讓給所要描寫的對象。

但蘋果不一樣，賈伯斯不一樣。賈伯斯可是矽谷的耶穌，他開出的條件就是這樣。在我任職《新聞週刊》的時代，我們從來沒有爭取到蘋果的賈伯斯專訪；但同業爭取到了。我很難想像他們在背後裡，付出了什麼樣的代價。

當文字不能讓人愈看愈清楚，反而愈看愈模糊——

當最高法院在二〇一五年的奧貝格費爾 vs. 霍奇斯案（Obergefell vs. Hodges）中

合法化同性婚姻時，被暱稱RBG的女性大法官露絲．貝德．金斯伯格附議了法院的裁定。但在論述部分，並未照單全收由大法官安東尼．甘迺迪執筆之多數決主文見解。在這樣的情況下，持有不同意見的大法官通常會寫下用以闡述他們對案件的理念之附議意見，但RBG決定將自己的想法按下不表。因爲她知道，這個時候話愈多，這個歷史性判決的力量就愈小。「沒有額外見解的單一意見，力量才會大。」她在判決不久後，對杜克大學的聽衆表示，「這種自我約束的意思在於，『我不是女王，如果多數見解跟我的看法雖不中亦不遠矣……那我就不必堅持連撰文的措辭都要完全按照我的意思去寫』。」

金斯伯格收藏了一本大法官路易斯．布蘭岱斯（Louis Brandeis）未出版的判決異議書。這有助於提醒她，有時候不要多嘴比較好。在奧貝格費爾案中，四名對判決持反對立場的大法官寫下了不同的意見。金斯伯格認爲，這些少數意見「必然會散播困惑」，而她不願增添外界的困惑。

金斯伯格知道奧貝格費爾案會被未來數十年的律師與法官所引用，他們會在將來的案子中，將之作爲重要的判例。她可以從未來法律人的觀點去想像奧貝格費爾案，有鑒於此，她希望今日的判決可以愈清楚明晰愈好——即使那意味著她自己的聲音（與觀念）需要遭到排除在討論之外。

這給了我們兩個教訓。第一，多話只會畫蛇添足地削弱重要訊息的力量，不會是錦上添花。第二，在你開口說話或提筆寫字之前，先讓你的想像力跳到未來，想像一下，你的話在若干年後，讀起來會是什麼感覺。將眼光放長遠，你就會發現，很多你此刻想要說的東西，其實不說也罷。

象徵權力的舉措——

我們大多數人都不會成為最高法院大法官，也不會成為身價幾十億美元的科技公司執行長。但我們還是可以從有權力的人身上學到一些技巧，進而讓我們也能掌握一切權力。以下是我建議的一些做法：

• **把說話當成在花錢。**在讀到好萊塢教父盧・瓦瑟曼跟他「惜字如金」的恩師朱爾斯・史坦之後，我想出了一個遊戲是「把說話當成在花錢」。想像你在進行的對話是一場交易，而你的目標是獲得大於付出。提出問題並蒐集資訊，同時轉移問題來避免被套話。

• **不要含糊其辭。**也許是想要顯得禮貌，也或許是不夠有自信，我們經常會添加很多模糊的用語去削弱自身訊息的力量，進而將力量拱手讓人。試比較一下這兩句話有什麼差別：「我不覺得我可以花那麼多錢買這輛車」跟「我不能花這錢買這車」。前者多出來的文字就是所謂的「語言漏洞」，意思是它們洩漏了或坦露了某些資訊給你的說話對象，導致了你們之間的權力天平傾向對方。不要曝光你的底牌，且要去觀察其他人說話時所洩漏的天機。天機會賦予你優勢。

• **使用貝佐斯的問號法。**不放過任何一個原封不動回傳或轉傳電子郵件的機會。不用擔心那會讓你顯得傲慢，那只會凸顯你的忙碌。

• **讓人低估你。**不要企圖讓所有人覺得你聰明，不要掉進那樣的陷阱。多學學安格拉．梅克爾——話少而不搶眼。韜光養晦對你最終一定是利大於弊。

- **不要跟人吵。**生氣了，也不要表現出來。有人對你大小聲——當面或透過電子郵件或簡訊——你該做的不是大小聲回去。那只會進一步激怒對方。「當你的敵人非常情緒化之時，你要進一步讓他煩躁。」《孫子兵法》裡也有類似的說法。但你本身必定要保持冷靜，讓你的敵人在上鉤之餘滔滔不絕。你只需要坐在那兒，像梅克爾那樣，面無表情地看著左翼小黨政客在聯邦議院對她的撻伐與攻擊。你要開心！不要生氣，因爲他們生氣，就代表你已經贏了。
- **別跟人在推特上論戰。**與人論戰不會讓你看起來聰明、慧黠、霸氣。你不會看起來像是名投入哲學論辯的知識分子，反倒會像個去動物園跟猴子互扔大便的人類。你不可能戰贏什麼，你只會讓自己出醜，只會淪爲弱者。走開就對了。
- **說話曖昧一點。**學者發現，擁有權力者都會使用比較抽象的語言，避免在細節上糾結。深入事實與鑽數字的牛角尖並不會讓你看起來更睿智，那只會顯得你孱弱。想想歐巴馬二〇〇八年的競選口號：是的，我們可以（Yes we can.）、或是賈伯斯的經典廣告標語：不同凡想（Think different）。這些話是什麼意思？它們可以是任何我們希望它們代表的意思。模糊的陳述可以引發人們的好奇心，可以把人吸引到你身邊。

- **用沉默去恭維地位凌駕於你之人。**在高位者說完話後，留下短暫的暫停，藉以傳達出你的尊重。這是一個小動作，卻能不落痕跡地向對方輸誠，讓對方知道，你清楚自己的斤兩，也讓對方多喜歡你一點。「永遠讓高位者感覺自己高你一等，」羅伯．葛林在他談權力的書中建議，「把面子做給你的尊長，在權力的高度上，你也能沾點光。」你同樣可以用沉默來表達你的不滿。當混帳賴瑞在會議中作出性別歧視的發言時，你既不想當眾撕破臉也不想就這麼算了——這時，你只要閉上嘴巴就好。你們可以全體一起噤聲不語，讓既長且尷尬的冷場就那麼懸在空中。你是在以沉默的力量讓賴瑞難看，用一言不發羞辱他。那，就是力量。

第十章

STFU:

The Power of Keeping Your Mouth Shut in an Endlessly Noisy World

閉上鳥嘴，聽就是了

在科羅拉多州波德市一個秋高氣爽的午後，白楊樹葉轉黃，遠山上的雪帽在藍天映襯下閃著金光。十五位素昧平生的科技新創公司創辦人，被分成兩人一組帶進林子裡執行任務：輪流說出你希望自己的團隊了解有關你自身的一件事。輪到你聽的時候，聽就好了。不要打斷說話者，不要提問題，也不要給建議。閉上你的鳥嘴，聽就是了。

這十五名胸懷大志的準馬斯克與準祖克伯各花了一萬美元來參加由傑瑞・科隆納（Jerry Colonna）這位高階主管教練所辦的爲期三天的訓練營。他指導過的學員不乏矽谷的風雲人物，並因此獲得「矽谷動物溝通師」與「矽谷尤達大師」之類的美名。許多年以前，科隆納是華爾街一名大咖的風險投資家，但後來，他參加了一趟爲期兩週的視野追尋之旅，行程中，包括在猶他州的沙漠中裸體漫步且三天沒有得吃，回來後，他變了個人。他辭掉了華爾街的工作，搬到了科羅拉多的波德，虔誠地信仰起佛教，重新爲自己塑造了一個大師／薩滿的人設，指導矽谷大咖，如何與自身的感受連上線。

在三天的集訓期裡，科隆納的十五名學員掏心掏肺地說出他們內心的恐懼與羞愧，大部分的人更是聲淚俱下。但是他們報名參加營隊的主要目的不是爲了傾倒情緒垃圾，而是要學習閉上嘴巴跟傾聽。這點對大部分的執行長學員而言並不是那麼地理所當然。事實上，他們都很不善於傾聽。他們傾聽能力的PR值（百分等級）恐怕不到五十，甚至遠低於五十。畢竟，他們平日裡根本不聽人說話。他們是屬於自大型多話者的A型人，一輩子都在自吹自擂，到處宣傳他們有多聰明，他們的點子有多了不起。「他們或許還不至於有自戀型人格障礙，但確實有那樣的傾向。」任職於科隆納的「重啟」公司（Reboot）的教練安迪·克里辛格（Andy Crissinger）表示。克里辛格專職傾聽能力的教學。

在這之前，混帳般的自負是他們的一種超能力。不是誰都可以狂妄自大地只憑一疊投影片跟一堆廢話就大搖大擺地去跟投資者開會，然後順利帶著數千萬甚至數億美元離開。可是，一旦他們籌集到資金，局面就變了。有了錢，他們的工作就變成成立公司，而成立公司意味著得聘請員工，管理員工；問題是，這些不可一世的創業者都不太會處理人的問題。「他們一路走來，在溝通上向來非常強勢，而這樣的強勢，也都爲他們帶來了好的結果。但如今，他們需要做的是放下強勢，改以較爲溫和的模式去發問和聆聽。」克里辛格說。

這就是科隆納與他的教練團隊可以派上用場的地方了。克里辛格開發出一套傾聽練習的教程，雖然神奇的事不會在短短三天內發生，但那些年輕的新創創業者確實帶回了一些有營養的東西。克里辛格表示，「傾聽並不容易，卻也是一項非常容易掌握的技能。透過練習與實踐一定會有所成。」

學著傾聽，意味著要與從孩提時代就開始累積了一輩子的多話衝動相對抗。在學校裡，你參與討論可以加分，但仔細傾聽可什麼都沒有。「我們從小一直在學的不是怎麼聽人說話，傾聽得不到任何獎勵。」克里辛格說，「而且，我們如今處在一個資訊擴張前所未見的時代。我們被鼓勵去製作內容、推廣內容，去發展個人品牌，要把東西往外推，把自己的身影投射進這個世界。」

我們大部分人都湊不出一萬美元去參加矽谷尤達大師主持的三日修行，但科隆納提供了一個六天的線上課程，教的是傾聽技巧，重點是這個課程免費。你或許看不到如畫的風景，也沒機會在一堆陌生人面前落淚，但你確實可以學習到一些科隆納用在客戶身上的練習。

科隆納是真的很堅持聆聽他人這件事，以至於我發現要訪問他幾乎是一項不可能的任務。我們登入了Zoom，然後我問了他一個問題。但他並沒有回答我，他只是要我停止做筆記，接著開始反客為主地訪問起我來。我決心不被他的超級傾聽之術牽著鼻子走，但不知怎麼地，他竟讓我開口說了起來。

當我們約好的三十分鐘結束時，我意識到我一個問題也沒問到。他說，我們可以預約下一次進行實際訪談。我回他，當然。然而我內心知道，我再也不會讓自己暴露在他的魔法之下。此外，我也不需要再訪問他。他已經透過示範，讓我看到了積極傾聽的力量——正所謂身教重於言教。

你的大腦不想聽——

大部分人都是很糟糕的傾聽者。只有大約一成的人口有能力進行有效的聆聽。平均而言，我們只能保留大約兩成五我們所聽到的內容，近半數我們聽到的資訊都會在八小時內被我們忘得乾乾淨淨。怪的是，我們大多數人都自認是水準以上的傾聽者，我們都覺得其他人在這方面需要幫助，唯有自己除外。

從生理學的角度來看，我們確實很難成爲好的聽者。人類的大腦動得太快——人類每分鐘大約會說一百二十五個（英文）字，但我們的大腦可以每分鐘消化八百個字——所以我們會專心一小陣子，然後就開始百無聊賴到渙散。我們會開始滑手機、看筆電，開始制定我們的週末計畫，或是等這個人終於講完他拉拉雜雜不知所云的內容，我們就得馬上思考該回應什麼台詞，但腦袋裡只有嗡嗡嗡的餘音在作響。你就像卡通裡，聽著老師訓話的查理布朗。

我會將傾聽這主題安排在本書最末章，是因爲在所有閉上鳥嘴之術的鍛鍊中，學習成爲主動的傾聽者是最具挑戰難度的。其他的練習——能不說話就不說話、忍受冷場的尷尬、度過沉默的時光，還有避免使用社交媒體——都是在爲傾聽打底。你不先克服前面那幾項挑戰，就根本不可能跨越成爲主動傾聽者這道關卡。就拿我來說，打敗我的，就是主動這兩個字。

傾聽是一件很累的事。傾聽需要大量的專注力，但要控制住我們的大腦並不容易。須知，演化早早賦予了大腦四處漫遊的衝動，而這股衝動會讓我們受益匪淺。大腦要是太安分，我們就不會有人類文明、不會有科學、不會有貝多芬的交響曲，也不會有《比佛利嬌妻》這麼好看的美劇了。

傾聽，就是在要求你去強迫大腦做一件違反其設計之事，對於強迫症多話者而言，尤其困難。要知道，我們這種人的大腦要比多數人更加不安於室，即便有藥物輔助，有些苦於過動症的人還是會十分掙扎。像我這樣的人，連要專心跟人通電話而不分心去發簡訊、讀東西、看《比佛利嬌妻》都做不太到。我們會躁動、焦慮，生理上會有不舒適感。我們會拚了命地想讓這種不舒服的感覺消失，於是，我們會掀開筆電或伸手去拿遙控器。

這一年來，我都在磨練傾聽的技巧，並獲致了長足的進步。但時不時，我的注意力還是會飄走。Zoom會議是最慘的。我在視訊會議上幾乎無法專心，特別是如果同時有好幾個人在線上。不過我也得替自己說句公道話，我相信能在Zoom會議中專心致志的人，本來就沒幾個吧。否則也不會有這麼一個說法：Zoom疲乏。理論上，Zoom疲乏的發生是因爲我們的大腦在加班補齊我們通常可以無意識從肢體語言或臉部表情線索中取得的資訊。

另外一個挑戰是，在主動傾聽的世界裡，沒有所謂熟能生巧這種東西。主動傾聽不像騎腳踏車，它不會因爲你學會過一次就再也不會忘記。主動傾聽更像是舉重；假以時日，你會愈練愈強壯，但你每次抓舉都還是需要使力。著有《追求卓越》（*In Search of Excellence*）的商業大師湯姆．彼得斯（Tom Peters）說，如果你在積極傾聽三十分鐘後沒有完全精疲力盡，那就代表你沒有做對。彼得斯還說，他見過的幾乎每一位企業領袖——商界有頭有臉的人物他幾乎都認識，也研究過他們，並爲他們之中的一些人提供過建議——都有奧運等級的能力，能夠進行他所謂的積極性傾聽。

班上最聰明的小孩症候群——

學著如何傾聽，或許不能讓你找到一份在《財星》五百強公司發號施令的工作，但傾聽可以幫助你把你找得到的工作做得更好一點，或是增加你升職的籌碼。傾聽可以讓你變得更聰明、更討喜。它還能，詭異地，讓你成爲旁人眼中字字珠璣的對話者。

反之，若不懂得傾聽，等著你的便會是一些慘不忍睹的下場。世界上一些最差勁的傾聽者，恰好是那些最需要好好聽人說話的人：醫生。平均而言，醫生通常只等十八秒就開始打斷病人。這麼驚人的數字，最早是由傑若・古柏曼醫師（**Dr. Jerome Groopman**）於二〇〇七年發表在一本名爲《醫生，你確定是這樣嗎？》（*How Doctors Think*）的著作中。

只要熟人裡有醫生，你就會明白他們爲什麼會這麼不善於傾聽。我恰好有一些親朋好友是醫生，當然，我很愛他們；然而，大部分的醫生都犯了一個毛病叫作「班上最聰明的小孩」症候群。他們自小到大都是班上名列前茅的學生，是讓老師跟家長讚不絕口的小孩。如此的成長背景，無形中，塑造出他們有著無論身在哪裡，自己都是最聰明的那個人這樣一個自我認知。然後，他們去上了醫學院，那裡的每個學生都懷著跟他們一樣的想法，接著，他們會一輩子從事一份他們向來總是知道的比前來向他們求助的人知道得多的工作。

更糟的是，出於某種不知名的原因，很多學醫之人往往都是高智商跟低情商的組合。他們知道怎麼治病，但不懂得怎麼聽人說話。所以，當你走進診間，開始解釋自己哪裡不舒服，跟著，「班上最聰明的小孩」就會開口打斷你，因爲在你完整敘述完前，以他的聰明才智，早就已經判斷出你生的是什麼病，也知道要怎麼處理。問題是，大約有兩成的時候醫生會誤診。你不舒服是因爲心臟病，結果他們說你是胃食道逆流，然後開了制酸劑就要你回家。我的老天爺啊！

古柏曼的「十八秒法則」被廣泛引用，本當帶給醫界一記警鐘。但十五年過去了也沒看到什麼改變。事實上，今天的醫生比以前的醫生壓力更大，他們必須在最短的時間內擠進最多的看診數。十八秒法則或許已不成立，十二秒或許還可以。

醫生擔心病患話太多拖慢看診進度這個說法，基本上是沒有根據的。學者發現，只要醫生不打斷他們，病患就不會滔滔不絕——平均說個九十秒就結束。要是能避免誤診，一分半的耐心眞的很值得。還有其他研究顯示，刻意聆聽甚至有助於病患從痛覺中復原。安慰劑加上跟醫生、護士聊個幾分鐘的天，可以讓病患在主觀意識上感覺他們的背痛、腿痛跟各種地方的疼痛都稍稍好了一些。

至少在表面上，醫界已經承認了傾聽的重要性。各種課程應運而生，就是爲了教導醫護人員學會聆聽。但診療現場的改變並不大。專攻醫療人員傾聽技巧的學者海倫・梅爾壯（Helen Meldrum）說，「相關的活動非常多，所以他們以爲自己進步了，但臨床醫學與護理學校並沒有把技術教學落實到行爲的改變上。」很多醫生認爲溝通技巧是狗屁或浪費時間，而他們所受的專業訓練也強化了這種思想。不少醫生念了醫學院後相較於入學前，同理心不增反減。

下次你去看醫生，不妨開啟手機上的計時器。如果醫生讓你好好把話說完，那很好。要是你在十八秒後被打斷，那你就要考慮去尋求第二意見了。

惡魔會穿Prada，但不會聽人說話

身爲拙劣的傾聽者可以讓你損失慘重。這是安娜・溫圖這位以無情、獨裁聞名的《Vogue》總編在二〇二〇年學到的教訓。溫圖保持沉默的能力讓她能夠累積權力，但

那股權力，加上她不聽身邊人建言的剛愎自用，差一點就讓她的職業生涯大翻車。

在大多數人的描述中，溫圖都是個可怕的人。她的外號是「核子冬天」，因爲Wintour跟Winter的拼法很像。電影《穿著Prada的惡魔》裡，由梅莉史翠普扮演的變態惡魔總編的原型就是她。她大尺寸墨鏡不離身，不論在室內或受訪時都戴著，就跟動畫電影裡的魔頭一樣——「好掩蓋她眞實的想法或感受」，她的傳記作者說。戴墨鏡也是她在昭告天下她對別人想說什麼完全沒興趣——此乃領導者所能傳達的最差勁訊息第一名。

溫圖統領《Vogue》雜誌三十餘年，她同時也是康泰納仕集團旗下所有出版品的編輯總監。換句話說，她在媒體界與時尚圈裡大權在握。她的員工們非常怕她，不敢和她說話，甚至不敢正眼看她，除非她主動找他們談話。

在舊時代，企業會容忍不聽人說話的領導人，但在新時代，員工獲得了賦權，《Vogue》的同仁也不例外。「照安娜說的幹，不然就別幹了……可不是新生代會買單的態度。」溫圖的立傳者艾美．歐戴爾寫道。

二〇二〇年，在布倫娜．泰勒（Breonna Taylor）與喬治．佛洛伊德（George

Floyd）兩名黑人死於警察暴力後，《Vogue》的基層員工站出來公開抱怨溫圖沒有盡一己之力提升黑人的聲量，也沒有聘請足夠的黑人員工，還在雜誌中發表了十分傷人的圖像。溫圖曾公開支持「黑人的命也是命」（黑命貴；Black Lives Matter）運動，但不論在康泰納仕內部或在《Vogue》的版面中，她都不曾拿出過實際的行動。她的「管理風格並不符合這些進步的立場。」歐戴爾寫道。溫圖手下有一個多元且具有包容性的決策小組，但成員們並不覺得她有把小組的意見當回事。

多年來，溫圖一直都有收到異議在醞釀的警告，很多人告訴她世界正在改變，《Vogue》需要與時俱進。但她一貫視爲耳邊風，繼續我行我素。被敦促要在模特兒的選用上增加多元性，溫圖「會回應說，我們這一期的『gay還不夠多嗎？』——或『直男還不夠多嗎？』、『蕾絲邊還不夠多嗎？』或『黑人還不夠多嗎？』」歐戴爾說。二〇一七年，溫圖不顧手下編輯的阻攔，硬是進行了一次拍攝，讓超模卡莉・克勞斯（Karrie Kloss）扮成藝妓——並在那組照片炎上後裝起了無辜。事件發生不久後，《Vogue》又拍攝了名模吉吉哈蒂（Gigi Hadid）穿著休閒服，拿一群黑人籃球選手當背景的照片，她這個決定得到的評論是「都二〇一七年了還這麼白目」，歐戴爾說。

「我們不清楚安娜是否確實明白在種族議題上，哪些做法是不ＯＫ的。」她的「管理風格出於某種原因，愈來愈暴走，」而她的獨裁風格「也愈來愈扣分，或者應該說，這風格一路以來從沒給她加過分」。無預期地，一個令人無法想像的提議開始在人群中傳開來，就是安娜．溫圖——不可戰勝的安娜．溫圖——應該辭職。「安娜．溫圖可以在社會正義運動中倖存下來嗎？」是《紐約時報》下的標題。

康泰納仕並未強迫溫圖下台。我不確定他們公司內部有誰吃了熊心豹子膽敢這麼做。他們全都怕她怕得要死。但話說回來，有些人沒她這麼過分都被趕下台了。溫圖最後保住職位，靠的是向同仁們低頭道歉。她發了一封電子郵件，在裡頭承認她犯了錯，並願意為自己的錯誤負起責任。她在公開懺悔中召喚出了那個神奇的字眼：傾聽。「我在聽，」她寫道，「請不吝給我回饋跟建言。」

好喔，最好是啦。安娜．溫圖女王會想聽取回饋。她保證不會罵你肥或說你笨，還是嘲笑你的穿搭。她發誓你不會因為提出意見而丟了飯碗。誰想當第一個試看看？

很快地，在這封電子郵件發出後不久，溫圖就上了podcast在節目中下詔罪己：「身為領導者，我真正需要做的其實就是傾聽。打開耳朵，傾聽，然後有所作為。我之前就是沒有在聽或聽得不夠。我覺得我如今的課題就是要改頭換面，讓人看到一個願意聆聽的我，一個抱怨、質疑跟建議都來者不拒的我。」

要接受這麼一個虛懷若谷的領導者人設，她心裡肯定不痛快，但她知道除了這麼做別無他法。號稱「核子冬天」的溫圖竟然會願意學著傾聽，簡直是天方夜譚，你乾脆說她要搬到加爾各答去照顧孤兒與痲瘋病患好了。但她必須這麼說，而她也說了。也許光這樣，就算是一種進步了吧？

提姆．庫克，執行長界的日本壓縮機——

提姆．庫克作為蘋果的執行長曾被譽為全世界最傑出的領袖。也曾有人說過，他是世界上最好的傾聽者——他能如此成功，靠的就是傾聽這種超能力。

庫克看上去很內斂，說話輕聲細語，這樣的他是個出身美國南部，帶著點南方口音的阿拉巴馬子弟。確實，他基本上話不算多，跟前任的賈伯斯放在一起，就是一個

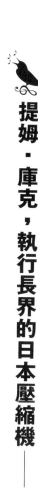

南轅北轍。與人合夥創辦蘋果的賈伯斯喜歡與人針鋒相對，「那個點子就是屎。我從來沒有聽過這麼弱智的想法。」是典型的賈伯斯口吻。賈伯斯相信，藉由挑釁去激發爭執或辯論，可以從中擷取到最好的資訊。他想要逼著你去辯護自己的想法，所以他會想方設法把單純的開會變成在比誰的嗓門大，變成一種智識的廝殺。你在他面前要是打不直腰桿，那就等著被他燒成一堆焦炭。

庫克則似乎相信，他如果要得到比較好的資訊就必須在椅子上坐定好好聽你說話。他這麼做不是出於禮貌，而是因爲這樣做，有時會讓人不經意說出他們原本不打算告訴你的事。一如賈伯斯，庫克追求的也是眞相。只不過，他選了另外一條通往羅馬的路。

庫克的套話黑魔法厲害到卽便你已經有所防備，他還是能讓你嘴巴停不下來。他之所以能做到這點，靠的不過是肢體語言、臉部表情、偶爾的點頭，加上時機恰到好處的嗯嗯和喔喔。

我的朋友金・馬龍・史考特（Kim Malone Scott）是矽谷的一名高階主管教練。她會知道庫克是這樣的人是因爲她去蘋果面試時，曾與庫克見過面。「我的一個朋友事先警告過我。」史考特跟我說，「我朋友說，『聽著，提姆很安靜。他會把妳拽入一個妳不想進入的狀態中，讓妳在那兒鋌而走險地侃侃而談。所以千萬要小心。』」

外向的史考特是個準多話者，行前，她下定決心不讓自己失控。面談前，史考特坐在庫克的辦公室外，她又一次對自己耳提面命，千萬要如履薄冰。說話一定要經過大腦。不要胡言亂語。專心。她沒有什麼不可告人的祕密，但她還是想要給庫克一個好的印象。

面試開始，他們面對面在椅子上舒舒服服地坐下，稍事寒暄了幾句，然後庫克問了她一個問題，「我覺得有人願意跳出舒適圈眞的是好事一樁。妳爲什麼會想嘗試轉換跑道呢？」他就只說了這麼一句話。然後，往椅背一靠，當起了聽衆。他並沒有過度客氣，但也不兇。若非得形容，只能說他有點莫測高深。

史考特知道他不是隨口問問的，他是很認眞想知道答案，但史考特並不知道他眞正的想法是什麼。無論如何，她只能開口了。然後就沒停過。幾分鐘後，她意識到自己還在說著話——而這還不是最糟的，最糟的是，她發現自己好像在不知不覺中已經騎虎難下。出於不可解的理由，她坐在那兒，一五一十地對庫克招認自己在谷歌犯下的一些大錯。「我像是突然驚醒，急踩煞車對著自己說『等等，我為什麼要跟他說這些？我怎麼會在這裡？如果我不立刻閉嘴，我就要把這個工作機會給說掉了。』」

史考特至今還是不知道庫克是怎麼對她施展了魔法。她去之前已經做好了心理建設要管好那張嘴，要謹言愼行，要言之有物。但搞到最後，她還是口無遮攔地一路說到底，就像她朋友事前警告過她的那樣。」

好消息是庫克喜歡她，所以她拿到了內定。更好的消息是史考特上了一堂課，學到了傾聽的力量，並將之用在她管理的人身上：你只要坐定讓他們開口說話，最終他們就會告訴你眞相，「屆時，你就能得知別人不想告訴你的事。甚至你會知道你寧願不要知道的事。」

那之後至今，史考特已經出版了兩本書，主題都是圍繞著工作上的人際關係。她發展出了一套她稱爲「徹底坦率」的管理概念——那也是她其中一本書的書名——她相信我們在工作上與人相處，就應該狠狠地直接、狠狠地誠實。

史考特還提供了另外一款閉上鳥嘴的建議：「每天留三件不重要的事不說。」這適用於職場也適用於戀愛關係。「留點口德的精髓在於不要吹毛求疵。」她說，「我們的心靈是過濾器。小事別放心上可以讓我們更快樂。」

會傾聽的領導人——

小J．W．「比爾」．馬里爾特（J. W. "Bill" Marriott Jr.）是億萬富翁兼萬豪（Marriott）酒店集團的負責人。他對酒店業的了解，可能比世界上幾乎任何人都要來得多。他一輩子都在這一行裡打滾，師傅就是他的父親，也就是萬豪集團的創辦人。雖然已經是專家，但馬里爾特大部分時間都還是在發問跟傾聽。他知名的座右銘是：「英文裡最重要的四個字是What do you think?（你怎麼想？）」。

歐巴馬說，他在地方上從政所學到的第一件事是，「你出現在鄰里間，而你最初的本能就是會告訴人們，他們應該對什麼議題感興趣，而不是先花個半年時間傾聽他們，弄清楚他們真正對什麼議題感興趣。」

維珍集團創始人李察．布蘭森能賺到幾十億美元身價，靠的是聘請聰明人，然後聽他們說話也聽顧客說話。從他最早在倫敦經營唱片行開始，到成爲一家唱片公司的老闆，布蘭森一直有著一種敏銳的能力，他可以藉著聽人說話判斷出對方想要什麼。這個本事讓他成功把企業帝國拓展到航空、鐵路、太空旅行等各行各業。

布蘭森的公眾人設是個不安於室的自由靈魂以及無可救藥的愛現鬼，是有著一頭金髮跟電影明星外表的自戀之人，但這些形象其實有些誤導。私底下，布蘭森堅持當個有耳無嘴的傾聽者，他拚了命地聽，拚了命地讓其他人說。布蘭森說，他之所以成爲一名優秀的傾聽者是出於必要，因爲他有失讀症（閱讀障礙），從小，他就是靠聽而不是靠讀完成學業的。

事實上，世界上很多頂尖的成功企業家都有失讀症。我懷疑，說不定他們都跟布蘭森一樣是從小發展出強大的傾聽技巧，而這種能力，讓他們在從商之後如魚得水。後來，布蘭森提筆把管理人的技巧寫進了書裡——《維珍之道：關於領導我所知道的一切（暫譯）》（*The Virgin Way: Everything I Know About Leadership*），並在當中把三分之一的篇幅獻給了傾聽的藝術。其中的一句金句是：「沒有人能從聽自己說話的過程中學到任何東西。」

布蘭森的另外一項傾聽技巧是：做筆記。布蘭森隨身帶著一本筆記本，同時也鼓勵員工比照辦理。記筆記可以強迫你專注在當下，你會聽見有人說了什麼，你會讓說話的人看到你有在聽他們說話，沒有心不在焉。

伊隆・馬斯克經營出的公開形象是個得理不饒人的大嘴巴，也是個推特推不停的惡霸。但在這樣的表象下，他其實也是個不吝接受批評的傾聽者。「尋求批判。盡可能針對你的各種點子，從各種人身上尋求回饋。」他會給過人這樣的建議。這種把夢想放大，然後透過傾聽來的意見去雕琢修正這些夢想的做法，讓馬斯克從特斯拉到SpaceX打造了一家家的公司，也累積出高達兩千五百億美元的驚人身價。

會傾聽的律師

史蒂芬・A・凱許（Steven A. Cash）擔任過紐約市的地區助理檢察官。「我們有兩句座右銘，他說，『輪胎會留下胎痕』跟『從來沒有人什麼都不說』。」其中第一句意味著做案時只要有開車，你就一定會被抓。第二句則是表示檢察官只要學會好好坐著傾聽，「他們就永遠會想開口。」凱許說。

「不跟我說話的傢伙，我還沒遇過。我對很多人宣讀過米蘭達權利（你有權保持緘默，如果你不保持緘默，那你所說的每句話都會被作為呈堂證供……那一套），但從來沒有人回我，『是喔，那我要請律師，我不跟你說話。』很多訊問的過程，我都只說了一句話，沒騙你。『所以事情的經過是怎樣，跟我說說吧。』然後我會按下錄音鍵，往椅背一靠，嘴裡說著『嗯哼，OK』，接著就只要聽就好。從來沒有人什麼都不說。」電影裡的律師總是能言善道，椅子一推，站起來就能滔滔不絕講出直搗人心的結辯。但現實世界裡的律師人生決勝的關鍵在於傾聽。

凱許會破過一宗綁架案，憑藉的就是讓嫌犯說了一堆不足爲奇的事情——他幾點吃的早餐、早餐吃了什麼、選了哪種貝果。嫌犯否認犯案，但在說話時，他表現出了一種語言上的怪癖：他習慣在每句話的最後說一聲「轟」當句點。所以我去了店裡買了報紙，轟。我回家吃了貝果，轟。檢察官將綁匪要求贖金的電話錄音調出來一聽，錄音檔裡的人就有這樣的怪癖。除此之外，「我們對他幾乎沒輒。」凱許回憶說，「但我確信他有一大段的時間交代不清。」凱許補充說，同樣的傾聽技巧在他後來赴任中央情報局情報官時，也發揮了至關重要的效用。他保留了細節沒說，但聆聽與讓人開口在情報工作中的重要性不言可喻。

今日的凱許是一名企業律師，他花很多時間準備和指導即將在陪審團或法官面前作證的人該如何跟聯邦調查局的人對談，或是如何在民事訴訟中接受取證。他傳授的心法重點是，聽清楚你被問了什麼問題，然後只針對那個問題回答。「你必須非常謹慎，非常專心。」他說，「經常有人沒在聽他們被問的究竟是什麼問題。他們會停止聽取問題，直接開始回答他們覺得自己會被問到的問題。」

要你針對問題回答，不是要你說謊。而是要你找到一個辦法去照實回答問題又不附贈額外的資訊。大部分的人都覺得要做到這一點非常困難，因爲我們平日裡就不是這樣在說話。凱許提出了一個例子：有人問，「你知道現在幾點嗎？」我們一般在日常生活中會給出的禮貌回答是，「嗯，現在三點。」但作爲證人，你應該使用的答案是，「知道。」

研究傾聽的教授——

滿懷著受到的啟發，我踏上了尋人之旅。我想找到一個人爲我示範如何閉上鳥嘴跟好好傾聽。結果我找到了珊卓拉．波丁—勒納（Sandra Bodin-Lerner）。她在紐澤西州的肯恩大學（Kean University）開了一堂課，教的就是傾聽。她不否認這是個不太尋常的課程科目，「我會跟人說我在教人聽東西，然後一堆人總是會在那邊『蛤？蛤？』，我經常被開這種玩笑。」她說。

另外一個常見的狀況是：太太們會希望她們的老公來報名上課，而老公也會希望太太來上課。「看出別人的問題都很容易，是吧？我們總覺得別人都很不會聽人說話。我們大多數人都沒意識到自己也是同一個德性。」波丁—勒納說。

我們在Zoom上視訊對話，我知道這會讓我比較難專心。通話前，我進行了我小小的準備儀式：深呼吸、提醒自己要維持眼神接觸，不要分心。我錄下了通話過程，這樣我就不需要記筆記，可以把全副心神用在對話上。

但依舊：我搞砸了。

問題不是我的專注力溜掉了，而是我沒辦法閉上這張該死的嘴。看著錄音的逐字稿，我發現在我們爲時一個鐘頭的對話中，我說了八成的話。我面前的白紙黑字清清楚楚，一目了然，一大塊一大塊全是我嘴不停蹄的證據。看著逐字稿上自己多話的鐵證，從來不是一件有趣的事，但這次尤其殘酷。

我發了電子郵件給波丁—勒納教授，告訴她（a）我無地自容；（b）我很佩服她施展在我身上的傾聽魔法，以及宛若退到拳擊擂台角落的誘敵深入技法；還有（c）我需要再一次採訪她。

我們再次談上話時，我做到了。打從第一次對話後，我便持續地在練習，且相當自豪於感覺自己一直有在進步。然而，我也注意到一件怪事，就是即便在第二次視訊對談中，我認爲自己已經盡可能地節制開口，逐字稿仍然顯示在好幾處我說了一堆句子，而且，大都是以「對啊，同樣的事情我也遇過……」開頭。

那便是波丁—勒納叫學生要去注意，免得自己被拉走的一大陷阱：人一把某個故事聽完，就會想用自己的親身經歷去舉一反三。其他的陷阱還包括：好爲人師，忍不住想證明自己有多聰明。再來就是比起專心聽人說話，我們會在腦子裡忙著爲等一下要說的話擬稿，並惦念著你那不吐不快的好點子如果不趕快說出來，你怕會忘記。

波丁—勒納主要以擔任公共演說教練爲生，但在過去的二十年裡，她在肯恩大學兼職講授人際溝通，你可以將之理解爲她在教人如何把各種人際關係處理好，包括工作上、社交上、戀愛上的各種關係。但她意識到，傾聽在這當中占了很重要的一大部分——卻也在很大程度上嚴重被忽視。「教科書中，總會有一章是在講傾聽，但也就僅止於此。」

她所屬的系所給她開了綠燈，讓她放手去開課專門講述傾聽這主題。經過七年的經營，這門課已變得供不應求，她的學生愛她愛得要死。在Ratemyprofessor.com這個教學評鑑網站上的三十五筆評分中，二十七筆說她「棒極了」。其中一名學生寫道：「這是我在大學生涯中，上過最有收穫的一門課。」波丁—勒納說，她的傾聽課程至今仍是全美此類課程中的唯一。

「我教的主要內容是，傾聽必須有其目的性。」她說，「你的傾聽必須出於一種選擇。你必須告訴自己，『我要克制自己想說話的衝動。遇到有東西觸動了我內心的想法或情緒時，我會忍住不要急著馬上說出口。』第一步是單純培養意識，讓傾聽變成一件你有意爲之的事。還有就是要記住，傾聽超級難，你必須絞盡腦汁。你會被掏空。」

她讓學生練習的一項技巧是：在對話之前，下定決心要成爲一個「傾聽優先者」，讓對方把貨都卸完後再考慮開口。能做到這一點，神奇的事就會開始發生：對方會突然變得好有趣。而且不是似乎有趣，而是他們眞正變有趣了。「這一點有人做過研究。一旦有人認眞在聽，說話者就會敞開心胸，變得更願意溝通。仔細想想，還蠻有道理的。」

波丁―勒納最近教的學生中有個話癆，她抱怨她的男朋友沉默寡言不善溝通。波丁―勒納給她出了一份作業：她要那位學生回家跟男朋友共度兩人時光，同時，強迫自己只能閉上嘴當聽衆。「她回來上課時帶著她的新發現：『歐買尬，原來只要我閉上嘴單純只是聽，他其實有很多有趣的話題可說！』」

作爲期末作業，波丁―勒納要求學生們去找一個對象談話，重點是，這個人必須是他們覺得很難聊的人，或者是完全脫離他們的同溫層，跟他們的想法天差地遠的人，而他們要做的就是認眞聽那個人說話，直到他們得知談話對象的某件新鮮事或趣聞。這作業很折磨人，「但學生們總是會因爲這份作業而斬獲他們原本想都想不到的大新聞，畢竟，他們之前完全不會想跟讓自己覺得煩躁或討厭的對象坐下來對談。」目前最大爆點的紀錄保持者是一名發現她父親曾參與尼加拉瓜革命戰爭、而且當過戰俘又逃脫的學生。不知爲何，她父親從來沒分享過這段經歷——也許是因爲從來沒有人在聽吧。

她的學生們總是問可不可以帶自己的親朋好友來旁聽，於是，波丁－勒納索性撥了一天出來做旁聽教學這件事。「他們動不動就是，『唉呦，我能不能帶我媽來啊？她眞的超不會聽人說話的。』他們身爲讓傾聽改變自身生活的當事人，自然會想推廣。他們會想，『哇嗚，傾聽眞的是每個人都該修的學分。』我覺得非常棒。」

有個學生帶來了她的父母，精確地說，是她正在辦理離婚的爸媽。來上課或許沒能讓他們破鏡重圓，不過，也許讓他們因此增進了一點對彼此的了解。這門課讓同學間相互分享了許多私事。那或許還稱不上是集體心理治療，但也很接近了。「說那畫面很美眞的不過分，」波丁－勒納說，「學期的結束，也是他們感覺彼此間關係更親近的開始。」

波丁—勒納協助運作的一家機構是明尼蘇達的國際傾聽協會（International Listening Association）。這是一家眞實存在的協會，會內有來自世界各地的數百名成員。國際傾聽協會提供訓練課程，並頒授「合格傾聽專業人員」的頭銜給結業生，此外，他們發行了一份名爲《傾聽郵報》的電子報，贊助了國際傾聽日的舉辦，甚至成立了一個傾聽名人堂，外加每年有一場大會要辦。「很多人說，『嘿，你們的大會一定很安靜吧。』」波丁—勒納說，這話「我聽到耳朵都長繭了。」

當我第一次嘗試想像國際傾聽協會開會的狀況時，腦海中浮現的是一部柏林影展銀熊獎得主魏斯．安德森（Wes Anderson）的電影，裡頭有蓄著山羊鬍身穿套頭毛衣的男人——他們是傾聽名人堂的成員——在飯店大廳裡走來走去，比看誰更能聽。但波丁—勒納讓我列席了一場他們的月度工作坊，結果，協會成員們全都出乎意料地（我承認我有些失望）正常，一點也不陰陽怪氣。其中一名英國醫師談到了傾聽的技巧在醫療界的應用。聽完後，我便義無反顧地入會了。

傾聽在企業界已是不可抹滅的必要存在，有些企業開始陸續聘請波丁－勒納主持爲員工舉辦的工作坊。她說，企業必須意識到傾聽在其他問題上取得進展的作用。「我們經常被告知必須針對多元性、公平性與包容性去進行艱難的對話，我們需要相互傾聽。但從來沒有人告訴我們，要如何做到這一點。」她說。

攀爬傾聽的階梯

志在千里的領導人會去上卡內基課程，因爲他們堅信自己需要成爲偉大的演講者。但開課之後，他們發現卡內基強調傾聽的程度毫不輸給他們對演說的重視：「先聽。給你的對手一個說話的機會，讓他們把話說完。不要抗拒、反駁，或出擊。那只會豎立溝通的障礙。」

在經典的《人性的弱點》（*How to Win Friends and Influence People*）一書中，卡內基定義了傾聽的五種層次：

- **忽視**：你一點興趣也沒有。
- **假裝**：你在點頭、微笑，但你投入的注意力是零。
- **選擇**：用電腦術語來比喻，你只會將部分微處理器投注到對話裡，而不是處理完整的內容流。你只是在搜尋關鍵字，然後用關鍵字去推斷對方在說些什麼。
- **參與**：也就是所謂的主動傾聽。
- **共情**：這屬於禪師的境界。零距離地傾聽說話者，以至於感覺自己彷彿身在對方的腦袋裡。

在與人對話時，要意識到自己處在哪一個位階，並嘗試一階階往上爬，且盡可能在所能到達的最高階上撐一段時間，愈久愈好。大多數人都可以上到第四階，並在那裡停留一段時間。升到第五階？好，我努力。

傾聽的幾堂課

傾聽可以啟動良性循環。你愈是聽，說得就愈少。你說得愈少，就愈能專注在傾聽上。傾聽是一種可以讓你學無止盡的技巧。時間久了，你會比較上手，但那不代表你聽的時候不需要費力跟專心。

一個不錯的起點是進行傾聽練習。跟搭檔坐在一起，請他們對你說個故事。當他們在說的時候，不要記筆記，聽就是了。等他們講完了，寫下所有你記得的內容，或試著重述故事給你的搭檔聽，看你的版本跟原版差多少。這聽起來容易，但你記得的內容多半會比你預期的少。重複這種練習可以建立你的傾聽技巧。

你也可以嘗試安迪．克里辛格用在他客戶身上的「三個問題遊戲」。找個搭檔，各自寫下三個開放性的問題互問。時間抓三分鐘，一個人問，另一個人答，然後交換。負責聽的人要保持絕對的安靜，直到三分鐘結束。如果三分鐘沒到講者就說完了，你就安靜坐滿那三分鐘。

待你們兩人分別扮演過聽者跟說者之後，花四分鐘討論一下，扮演傾聽者是什麼感受？作爲說話者又是什麼感覺？你從對方的心得中，學到了什麼？你注意到了什麼？你有什麼想法？

下面有一些其他的技巧可以幫助你成爲更好的傾聽者：

- **放下手機。**克莉絲蒂娜．拉加德（Christine Lagarde）在成爲歐洲央行行長後，向管理委員會的二十四名理事發了一道命令：今後在會議上，禁止使用手機和iPad。不同於她的前任馬里奧．德拉吉（Mario Draghi），馬里奧會在別人發言時，大滑手機跟iPad，拉加德話很少，但耳朵很尖。律己的她，要求別人也這樣做。
- **在Zoom視訊之間安插休息時間。**可以的話，盡量不要安排「連續不斷」的會議。但如果實在沒辦法，請你至少安排五分鐘的中場休息。從書桌前站起來走走，不要看（任何）螢幕。這能讓你蓄積一點能量，讓你在接下來的視訊會議裡，更能集中注意力。

- **做好準備。**在走進咖啡廳與朋友會面前，花一點點時間整合自己的心緒。坐在車裡做幾次深呼吸，放鬆，平靜下來。「重啟」的創辦人傑瑞・科隆納稱之爲「自我撫慰」。在你傾聽他人之前，你需要先讓自己進入正確的心境中：開放、包容、準備好來者不拒。
- **想像你是即興劇的演員。**即興劇的演員有個相當知名的技巧是「沒錯，而且……」，意思是不論某人說了什麼，你都要先附和才接著往下演（用「不」開頭，會有「全劇終」的效果，讓劇無法繼續）。即興劇的精髓就在於專心傾聽對方所言，然後以他的台詞爲哏接話演下去。不要帶著在腦中打好稿的評論去進行對話，也不要強制非得要有議程形態。就讓對話隨心所欲，想去哪兒就去哪兒。
- **問問題。**問問題可以讓你撬開他人的嘴。提問本身就是一種藝術型態，你需要一些練習才能上手。問題以開放式爲宜，壓制住插話的衝動，別一直想著等對方告一段落你要說什麼。
- **善用肢體語言。**讓對方明顯看出你有在聽。將身體傾向對方，點頭，微笑。不要皺眉頭，不要做出表示不贊同或不認可的表情。超過一半的溝通都涉及肢體語言，保持開放的姿勢，雙臂不要抱胸，身子坐定；坐立不安會向你的談話對象傳達一個訊息：你分心了。做出讓人覺得你有在聆聽所需的努力，會迫使你眞的把內容聽進去。

- **給自己一些提醒**。我在電腦上方貼了一張便條，上頭寫著——給我聽！——所以，每當我參加視訊會議或與人進行通話時，都會看到它。湯姆．彼得斯也會在手背上寫下同樣的字眼。
- **錄音**。在與人談話時進行錄音，然後製作成逐字稿（線上有網站提供這類服務，且收費不貴）。接著閱讀列印出的逐字稿，看看自己的表現。你會注意到的第一件事是人的對話有多草率。但你也能以視覺化的方式了解，自己占據對話多少版面。對我來說，這是一項痛苦的練習，但同時也可以打開我的眼界，它最終讓我學會閉上鳥嘴，打開耳朵去傾聽。

這下子你完美了

班傑明·富蘭克林曾爲了追尋道德上的完美，擬出了一份列有十三條美德的清單，並依次實踐這些美德。其中，第二條美德是沉默愼言，隨之的告誡是這樣：「非有益於他人或自己的話不說；閒聊能免則免。」

沉默愼言在富蘭克林用來自我提升的美德排名中高居第二位，因爲他自認是個多話的人，他會習慣性地「念念叨叨、玩雙關語和開玩笑，這只會讓我對往來對象愈來愈不挑剔。」他相信，發展出閉上鳥嘴的自律，能讓他成爲一個更好的人，並在學識上愈加長進，具體而言就是「透過豎起耳朵而不是搬弄舌頭獲取知識」。

我們無法確知富蘭克林把沉默愼言這一點貫徹到什麼程度，但他後來確實成就了一番大事業。與此同時，他似乎也發展出一種對多話者的反感——在這點上，我與他惺惺相惜。

我剛踏上這趟閉嘴之旅時，還很熱愛與多話的同好們碰頭，因爲跟他們在一起，我可以恣意沉溺在我的癮頭之中。但現在，他們會讓我感到難以忍受。我就像是受不了身邊有人抽菸的成功戒菸者。

在內心深處，我仍然是個話癆，這一點，我想我永遠也改變不了。我偶爾還是會發脾氣，但我的自制力變強了。我發現自己不那麼焦慮、生氣或易怒，也學會「有點聾」，如露絲・貝德・金斯伯格所說的那樣。我已經讓焦慮之輪反轉。我變身爲一名更好的聽衆，也升格成一個更好的父親。

現在的我，比較不會用丹丹體惹孩子厭煩，也比較不會對陌生人長篇大論讓孩子難堪。雖然我踏上閉上鳥嘴之旅的初衷是自我提升，但走著走著，我發現它帶給我的終極力量是，我可以幫助到身邊的人，讓他們的生命有所提升。

我養成了與人並坐不發一語，純然感受一種用靜默連結的紀律——就是日本人所說的「腹芸」（はらげい）。我言不及義閒聊的時間變少了，進行有意義、有內容之對話的時間變多了。心理學家馬希亞斯・梅爾稱這種對話內容爲「生活滿足感的關鍵要素」。

我的世界少了噪音，多了喜悅。基本上，我變快樂了。我希望你放下這本書之後，可以花點時間去體會沉默，可以一句話也不說，讓自己也加入幸福的行列之中。

· Acknowledgments ·

致謝

既然是一本叫人別多話的書，我的致謝詞肯定不好太長。但有些話還是得說，我將永遠銘記並感謝在寫作本書期間，騰出時間接受我訪談的許多人士。沒有他們，就沒有這本書。其中，包括後來與我成爲朋友的維吉妮亞·里奇蒙；與我同爲話癆，知識淵博且幽默風趣，邁阿密大學的麥可·畢提。還有馬希亞斯·梅爾，他教會了我如何進行「有意義且有內容的對話」，並陪我進行了好幾場符合這定義的交談。另外也要感謝凱蒂·唐納文、珊卓拉·波丁—勒納、阿莫斯·克里弗、傑森·艾克索姆、傑瑞·科隆納、安迪·克里辛格、金·馬龍·史考特、陶德·林區，還有許許多多提供我建言、資訊與指導的友人。

我要感謝我的版權經紀人克莉絲蒂・佛萊區（Christy Fletcher）以及我的編輯詹姆斯・梅利亞（James Melia），在我還不是很確定這本書的內容前，他已經有完整的概念。一個大大的感謝要獻給艾美・安宏（Amy Einhorn）與亨利霍爾特圖書出版公司（Henry Holt & Co.）其他給予本書協助的同仁。此外，我要特別感謝羅里・庫沙茨基（Lori Kusatzky）的耐心、智慧與努力。

最重要的是，我要感謝我的家人。擁有你們，是我最大的幸福。

人生顧問 0490

閉嘴的藝術：以退為進的刻意沉默，讓你趨吉避凶，家庭與事業如沐春風

作　者—丹．萊昂斯 Dan Lyons
譯　者—鄭煥昇
副總編輯—陳家仁
協力編輯—巫立文
企　劃—洪晟庭
封面設計—陳恩安
內頁設計—李宜芝

總 編 輯—胡金倫
董 事 長—趙政岷
出 版 者—時報文化出版企業股份有限公司
108019 臺北市和平西路三段二四〇號四樓
發行專線—（〇二）二三〇六六八四二
讀者服務專線—〇八〇〇二三一七〇五 （〇二）二三〇四七一〇三
讀者服務傳真—（〇二）二三〇四六八五八
郵撥—一九三四四七二四時報文化出版公司
信箱—10899 臺北華江橋郵局第九九信箱

時報悅讀網—http://www.readingtimes.com.tw
法律顧問—理律法律事務所 陳長文律師、李念祖律師
印刷—勁達印刷有限公司
初版一刷—二〇二三年七月二十八日
初版二刷—二〇二三年八月二十三日
定價—新台幣四二〇元
（缺頁或破損的書，請寄回更換）

時報文化出版公司成立於一九七五年，
並於一九九九年股票上櫃公開發行，於二〇〇八年脫離中時集團非屬旺中，
以「尊重智慧與創意的文化事業」為信念。

閉嘴的藝術 : 以退為進的刻意沉默 , 讓你趨吉避凶 , 家庭與事業如沐春風 / 丹 . 萊昂斯 (Dan Lyons) 著 ; 鄭煥昇譯 . -- 初版 . -- 臺北市 : 時報文化出版企業股份有限公司, 2023.07
352 面 ; 14.8x21 公分 . -- (人生顧問 ; 490)
譯自 : STFU : the power of keeping your mouth shut in an endlessly noisy world

ISBN 978-626-353-996-9(平裝)

1.CST: 說話藝術 2.CST: 溝通技巧 3.CST: 人際關係

192.32　　112009273

ISBN 978-626-353-996-9
Printed in Taiwan